MINCE À VIE
LA MÉTHODE

LOUISE PARKER

hachette
CUISINE

SOMMAIRE

COMMENT UTILISER CE LIVRE

La méthode Louise Parker, au cours des 20 dernières années, a transformé des milliers de corps et de vies tels que les vôtres. Je suis ravie de la partager avec vous dans ce livre, afin que vous puissiez obtenir simultanément le corps de vos rêves et un nouveau style de vie.

Vous allez adorer les merveilleux repas et les exercices physiques qui vont vous redonner un sentiment de pleine vie. Vous découvrirez que votre perte de poids doit être encourageante et non vécue comme une punition. Une fois votre corps de rêve atteint, vous apprendrez le style de vie à adopter pour le conserver. Ce plan de réussite durable rend cette méthode unique. C'est la raison pour laquelle nos nombreux clients ne tarissent pas d'éloges à son sujet et regrettent de ne pas avoir su 10 ans plus tôt que mincir était aussi simple. En effet, être « mince à vie » est beaucoup plus simple que vous ne l'imaginez .

Ma méthode comprend quatre piliers détaillés en quatre chapitres : vivez « bien », pensez « positif », mangez « en beauté » et bougez « intelligent ». Chacune de ces pierres angulaires est harmonieusement liée aux autres, afin de rendre atteignable, pratique et palpitant votre parcours vers votre potentiel ultime.

La dernière partie du livre se concentre sur le programme lui-même, avec une phase de transformation sur 42 jours, puis sur le style de vie Louise Parker qui vous permet d'adopter ces nouvelles habitudes à vie.

EN PHASE DE TRANSFORMATION, IL SUFFIT DE :

PENSER « POSITIF »

★ Adoptez un esprit positif et pensez au succès.

★ Prenez tous les jours du temps pour des plaisirs simples.

★ Faites face aux contrariétés et écartez-les.

★ Entourez-vous de gens positifs et motivants.

1

VIVRE « BIEN »

★ Désencombrez votre environnement.

★ Pratiquez tous les soirs une détox digitale, après 21 h.

★ Dormez 7 heures par nuit.

★ Faites une « sieste du cerveau » 20 minutes par jour.

2

MANGER « EN BEAUTÉ »

★ Mangez 3 repas et 2 collations par jour. Vous avez le choix entre 80 recettes, toutes très simples et très rapides à préparer.

★ Buvez chaque matin de l'eau au citron et restez bien hydraté toute la journée.

3

BOUGER « INTELLIGENT »

★ Bougez tous les jours en respectant un minimum de 10 000 pas par jour. Visez aussi haut que possible.

★ Pratiquez, chez vous, une séance d'au moins 15 minutes d'exercices physiques selon ma méthode Louise Parker.

4

INTRODUCTION

Rien ne me rend plus heureuse que de me sentir légère, pleine d'énergie, mince et tonique. Ce n'est qu'en vivant pleinement et en ayant un esprit positif que j'atteins mon plein potentiel. Je ne parviens cependant pas à être à mon maximum en étant obsédée par le régime et par l'exercice physique. Pour être en forme, heureuse et libre, j'ai besoin de me tenir à distance du cercle fastidieux des régimes. C'est la raison pour laquelle j'ai élaboré la méthode Louise Parker.

Ma méthode va bien au-delà de la simple perte de poids. Elle vise à adopter un style de vie qui permet d'être en bonne santé, performant et lucide et de déborder de vitalité. Ce mode de vie a pour effet de transformer votre corps. Il devient mince, svelte, élancé et gracieux. Et comme vous changez vos habitudes de vie, vous conservez les résultats sur le long terme.

En effet, votre réussite ne s'appuyant pas, ici, sur votre volonté, mais sur un changement durable de vos habitudes, les résultats obtenus durent. Bien sûr, il faut engager quelques efforts au début, mais ensuite, les habitudes prennent le dessus et deviennent permanentes. La motivation est provisoire ; les habitudes, elles, donnent des résultats constants.

Je ne me soucie plus ni de mon poids, ni de ce que je mange, ni encore de ce que je devrais ou ne devrais pas faire. Les habitudes saines acquises me semblent désormais impossibles à perdre. Je mène une vie normale, avec des croissants le samedi et du rosé le vendredi. Je ne bois pas de jus de chou kale, je ne mange pas dans des boîtes Tupperware® ni ne m'entraîne deux heures par jour. Aucun des aliments que j'aime n'est interdit et je ne ressens jamais de culpabilité en mangeant. Je suis bien dans ma peau et je porte ce qui me fait envie. Enfin, je n'ai plus peur de me mettre en bikini comme il y a vingt ans.

Cette réussite, des milliers de clients à moi l'ont connue, alors pourquoi pas vous ? Le taux de réussite de la méthode Louise Parker est extraordinaire, avec des résultats épatants et durables. Son principal objectif est d'en finir avec les régimes.

J'ai passé tant d'années, empêtrée dans des régimes, à vouloir un corps que je ne pouvais pas atteindre. Les montagnes russes de la privation et de la gourmandise ont fait place à la fatigue et à la dépression et j'ai été impressionnée de constater à quel point on peut faire du sur-place dans sa vie quand on manque d'énergie et de confiance en soi.

J'aurais aimé savoir à l'époque ce que je sais maintenant : qu'avoir un corps superbe et le garder n'est pas difficile et que cette quête ne doit pas se faire dans la souffrance. Quand c'est trop dur, on ne peut maintenir l'effort. Et sans maintenir l'effort, on retourne à la case départ. Je me suis donc décidée à aller chercher ce corps dont je rêvais et à le garder pour toujours, le plus intelligemment possible. Donc, n'arrêtez pas tant que vous n'avez pas atteint votre but et exercez-vous de manière constante. Empruntez la voie la plus directe. Créez des habitudes que vous aimez et qui fonctionnent pour vous. J'ai choisi de toujours bien manger et de consommer des aliments que j'aime. J'ai dit stop aux entraînements occasionnels et opté pour une activité quotidienne avec quelques exercices que j'apprécie. Je me suis mise à me parler plus gentiment, comme on s'adresse à sa fille ou à un ami.

J'ai une vie très remplie et peu temps – comme vous – à consacrer à mon corps. Tout ce que je mets en œuvre doit me rapporter trois fois le prix en énergie et en résultat. Je m'accorde du temps pour moi et ne passe pas ma vie en cuisine ni au sport. C'est désormais la méthode qui s'accorde parfaitement à ma vie.

J'ai trois filles merveilleuses, un mari que j'adore, une entreprise florissante, une incroyable équipe de 50 collaborateurs et de fantastiques amies. Certes, j'ai beaucoup à faire, mais j'ai beaucoup de chance. Je me suis battue pour en arriver là et je ne veux pas faire de compromis. Je suis une maman moderne et je veux être sur tous les fronts. Il est donc impératif de me sentir belle et pleine d'énergie pour affronter cette vie très active.

La motivation est provisoire ; les habitudes, elles, donnent des résultats constants.

La voie la plus simple est la plus directe.

En me sentant légère, je suis plus heureuse – je suis une meilleure épouse, une mère plus patiente, une patronne plus inspirée, une meilleure sœur, fille et amie. J'ai, en effet, besoin d'être ainsi pour travailler et me sentir incroyablement bien la plupart du temps et il m'est impossible de maintenir la cadence de ma vie effrénée si je ne suis pas en pleine forme.

Je ne suis ni une ancienne danseuse, ni une athlète, ni une gymnaste. À l'école, j'embrassais des garçons, je fumais derrière le hangar à bicyclettes et je séchais les cours d'éducation physique. Je n'ai découvert le fitness qu'en voulant perdre du poids. Au cours de la dernière année d'art dramatique à l'université de Londres, j'ai voulu faire de l'exercice, car je détestais être ronde et je n'avais pas confiance sur scène. J'avais entamé mon premier régime à 14 ans, à l'internat, et après chaque régime, j'ai pris quelques kilos en plus. Je n'ai jamais été grosse, mais je n'aimais pas les courbes que l'on peut avoir à 21 ans. Rétrospectivement, je me rends compte que j'étais alors ravissante.

J'ai été stupéfaite de voir combien quelques semaines d'exercice physique ont modifié mon corps et l'effet qu'elles ont eu sur ma confiance. Très rapidement, je me suis inscrite à une formation comme entraîneur personnel, pour, au départ, payer mon prêt étudiant. Il y a 20 ans, de telles études étaient vraiment inhabituelles à Londres.

Les coachs sportifs étaient alors si peu nombreux que leurs services étaient principalement réservés aux personnes riches et célèbres. Mes clients étaient prestigieux, ambitieux et exigeants. J'étais aussi fascinée que captivée et, chaque année, mon désir de mettre au point une méthode qui soit la plus efficace n'a cessé de grandir. Être une fille normale et non une accro de la gym m'a permis de vraiment comprendre mes clients. Eux et moi voulions la même chose : obtenir les meilleurs résultats avec un minimum d'efforts.

Avec le temps, j'ai oublié l'art dramatique, puisque j'avais trouvé ma vocation. Lorsqu'il y a 15 ans, j'ai développé mon programme signature – « L'Intensif » – et créé mon entreprise, je ne parvenais pas à faire face à la liste d'attente. Je gère désormais la société avec mon mari, Paul, qui a quitté son job à la City il y a quatre ans pour m'aider à répondre à une demande toujours croissante. À ce jour, ce sont plus de 11 000 personnes, dans plus de 32 pays, qui ont suivi le programme Louise Parker.

Après 20 ans de recherches et des tests, ma méthode compile tout ce que j'ai appris. Je suis très fière des milliers de vies que nous avons déjà changées et je sais que ce livre va aider de nombreuses autres personnes à maigrir, obtenir le corps de leur rêve et adopter les habitudes pour le conserver.

LA PROMESSE

La méthode Louise Parker est un style de vie qui vous offre le meilleur corps et le meilleur état d'esprit pour une vie saine. Elle est sûre, rapide et intelligente. Une fois votre plein potentiel atteint, je vous aiderai à le garder à vie.

Votre corps va radicalement changer et devenir mince, galbé et agile. Je vais vous sculpter pour que vous deveniez une version plus gracieuse de vous-même, quels que soient votre âge ou poids de départ. Ma méthode est puissante et ne pourra être entravée par aucun obstacle (votre âge, vos gènes, votre métabolisme, vos maux, votre mode de vie exigeant).

Je vais vous apprendre la façon la plus efficace et rapide pour atteindre des résultats que vous pensiez impossibles. Je crois dur comme fer qu'il n'existe pas de méthode aussi rapide et aussi raisonnable pour obtenir une telle transformation corporelle, en protégeant votre métabolisme, en conservant votre joie de vivre et en améliorant considérablement votre santé.

La méthode Louise Parker va vous faire découvrir, de façon intelligente, les quatre piliers du succès, tous interconnectés pour vous aider et rendre votre parcours possible, réalisable et palpitant. Vous découvrirez des menus sains que vous allez adorer et des exercices physiques avec lesquels vous allez vous sentir vivant. Vous apprendrez que perdre du poids doit être gratifiant et non une punition.

Une fois que vous aurez atteint le corps de vos rêves, je vous apprendrai comment le conserver avec un minimum d'efforts. Vous allez vivre tout à fait normalement (aucune graine de chia en vue), porter des jeans et faire la fête sans ressentir la moindre culpabilité. Lorsque vous aurez assimilé ma méthode, vous regretterez de ne pas l'avoir découverte des années auparavant.

QU'EST-CE QUE LA MÉTHODE LOUISE PARKER ?

La méthode Louise Parker comprend 2 phases :

TRANSFORMATION	La voie directe vers votre corps rêvé
STYLE DE VIE	Conserver les résultats à vie

Ma méthode est un style de vie qui allie une alimentation délicieuse, des exercices intelligents avec une philosophie et un style de vie positifs. L'équilibre parfait entre ces quatre piliers est le secret de cette recette du succès.

Tout ce que vous apprendrez au cours de la phase de transformation constituera la base de votre « nouvelle normalité ». Vous sculpterez votre corps et adopterez simultanément des habitudes pour la vie. Les plats succulents et le goût de l'exercice deviendront pour vous naturels. Vous continuerez ensuite à suivre une philosophie et un mode de vie positifs et prendrez plaisir à prendre soin de vous.

La phase « style de vie » vous permet de vous libérer des régimes. Vous apprendrez l'art de conserver un corps mince de façon intelligente et sans trop d'efforts. L'objectif est de vivre votre vie avec la meilleure version de vous-même et de vous détendre.

Je vous enseignerai, enfin, l'équilibre véritable. Fini le temps où vous vous laissiez aller le week-end pour entamer un régime draconien le lundi. Cela ne fonctionne pas, c'est punitif et tout à fait rébarbatif. Or, vous méritez beaucoup mieux que cela.

C'est la précision de chaque ingrédient qui donne à ma méthode le pouvoir de vous transformer rapidement et simplement. Je vais vous expliquer pourquoi les quatre piliers de la méthode Louise Parker sont essentiels au succès. Je vais, ensuite, vous montrer comment mettre facilement chaque habitude en œuvre, pour le restant de votre vie.

L'objectif est de vivre votre vie avec la meilleure version de vous-même.

LES QUATRE PILIERS

1 PENSEZ "POSITIF"

Afin d'atteindre un objectif jusque-là jamais atteint, vous allez devoir changer totalement votre façon de penser. Vous allez opérer un pas de géant, gagner en confiance et ne penserez plus qu'au succès. Votre corps suivra ce que votre esprit lui dira. C'est donc en pensant sans cesse au succès et au changement positif que vous réussirez.

Le succès est une décision et nous allons la rendre incontournable. Vous aurez une vision très claire de votre réussite – tellement nette que vous pourrez en visualiser chaque détail et la ressentir dans votre chair. En visualisant vos résultats, vous vous en approcherez un peu plus chaque jour.

2 VIVEZ "BIEN"

Vous allez créer des habitudes de vie durables, car il est prouvé scientifiquement qu'elles agissent sur le moral. Elles forment le socle qui permet aux quatre piliers de résister à l'épreuve du temps. Vous créerez ces habitudes pendant la phase de transformation. Ensuite, dans la phase style de vie, vous veillerez à les conserver pour que votre vie et votre corps continuent d'évoluer.

Le stress et le sommeil affectent les hormones qui favorisent la perte de poids, il est donc essentiel de bien les gérer. Vous allez apprendre à remplacer l'encombrement, le chaos et la désorganisation par un mode de vie préparé, ordonné et serein. Vos résultats dépasseront de loin le cadre strictement esthétique. Vous aurez une vie tellement belle que vous ne voudrez jamais plus faire machine arrière.

3 MANGEZ "EN BEAUTÉ"

Vous allez découvrir une alimentation équilibrée, simple, rapide et délicieuse. Ce n'est pas un régime, mais une hygiène de vie que vous allez adopter à partir de maintenant. Vous suivrez ce programme alimentaire 100 % du temps jusqu'à la fin de votre transformation, puis 80 % du temps pour conserver les résultats obtenus. Découvrez ces habitudes pendant la phase de transformation et gardez-les à vie.

Vous allez adorer les recettes et ne voudrez plus manger autre chose. Vos repas et collations seront tous délicieux et, plus tard, vous vous ferez plaisir avec de bons aliments qui « en valent la peine ». J'ai veillé à ce que tous les menus soient sains et pleins de nutriments. Les plats sont prévus pour être parfaitement équilibrés en protéines, glucides et matières grasses – tous dans des quantités suffisantes pour vous maintenir dans la zone optimale de brûlage de graisse.

4 BOUGEZ "INTELLIGENT"

Vous allez tout simplement bouger plus. Vous deviendrez une personne active qui s'exerce chaque jour. Vous intégrerez efficacement cette activité dans votre vie, sans aller dans une salle de sport.

Vous apprendrez des exercices précis qui peuvent être effectués chez vous. Ma méthode vise à vous permettre d'obtenir un très beau corps et de le conserver sans engager trop de temps ni trop d'effort. Les exercices physiques consistent en du Cardio Sculpt. Tout en augmentant votre fréquence cardiaque et la combustion des graisses, vous allez vous affiner et vous tonifier à la perfection.

Certains jours, les séances seront plus exigeantes que d'autres et vous modulerez la difficulté en fonction de votre humeur et de votre programme. Vous deviendrez votre propre coach et vous autodisciplinerez.

LA SCIENCE

Ma méthode compile des principes scientifiques et des astuces. Elle vous offre le programme de transformation corporelle le plus rapide et le plus simple qui soit.

Votre alimentation va participer à votre transformation. Nous allons créer un déficit calorique pour activer votre robinet brûle-graisse et le maintenir ouvert jusqu'à ce que votre but soit atteint. La façon dont vous mangez et la science qui se cache derrière les associations et les portions d'aliments vont vous permettre de contrôler votre appétit. Vous n'aurez pas à compter sur votre volonté. Vos hormones – la ghréline et la leptine en particulier, respectivement les hormones de la faim et de la satiété, voir page 38 – seront équilibrées et assureront une perte de poids efficace et permanente.

Vous allez adopter une mentalité qui attire le succès et vous permet d'avancer dans le programme. Vous allez changer définitivement votre façon de penser et allez acquérir de nouvelles habitudes (mieux dormir pour réguler vos hormones de la faim et gérer votre sommeil pour contrôler votre adrénaline et votre cortisol).

Mes séances quotidiennes d'exercices physiques s'appuient sur des faits scientifiques. Elles vont débarrasser votre corps de la graisse et le tonifier pour le restant de votre vie. Nous allons optimiser votre postcombustion, stimuler votre métabolisme et l'entretenir de façon durable. Croyez-moi, c'est aussi simple que cela.

LES RÉSULTATS

Les résultats obtenus avec la méthode Louise Parker vont vraiment vous étonner. Vous serez épaté par la facilité avec laquelle vous les obtiendrez et vous serez sans doute un peu inquiet du fait que tout cela soit presque *trop* simple.

Attendez-vous à perdre une taille et demie environ à chaque cycle de 6 semaines (vous serez peut-être agréablement surpris en en perdant même deux). Si vous devez perdre plusieurs tailles, répétez plusieurs fois la phase de transformation jusqu'à atteindre votre but. Si vous vous en tenez au plan, votre perte de poids sera constante (contrairement aux « régimes » pour lesquels la « perte de poids » initiale n'est pas du gras, mais de l'eau et du muscle).

Ne vous octroyez pas de « jour de repos » entre les cycles, car la route la plus directe est aussi la plus facile et, pour votre bien, nous mettons ici un terme à cette habitude « marche/arrêt ». Alors, essayez de ne pas penser du tout à arrêter au cours de votre cycle de 6 semaines. Concentrez-vous sur chaque journée. Une fois le train lancé à vive allure, continuez d'avancer. Si vous vous arrêtez, cela vous demandera une énergie considérable pour repartir. Puisque vous n'avez à vivre cela qu'une seule fois, pourquoi ne pas continuer et obtenir un résultat sensationnel ? Vous le méritez vraiment et il ne tient qu'à vous de vous engager.

Je vous promets qu'il n'est pas plus difficile de garder une taille 36 qu'une taille 42 – ce n'est qu'une question d'entretien –, et lorsque vous entrez en phase style de vie, vous parvenez aisément à conserver vos résultats, quelle que soit votre nouvelle taille. Souvent, les gens me disent : « J'adorerais faire du 38, mais je sais que ce n'est pas réaliste et que ce sera impossible à maintenir. » Je vous en prie, vous devez réaliser que ce ne sera pas plus difficile lorsque vous serez plus mince. Si c'est ce que vous voulez, lancez-vous et allez le chercher – mais restez sur le train pendant encore quelques arrêts. Rappelez-vous : vous ne devrez fournir cet effort qu'une seule fois et pendant quelques semaines, mais vous garderez les résultats à vie.

Je n'ai jamais eu aucun client qui se soit retrouvé avec le corps de ses rêves et qui se soit plaint que cela avait pris quatre semaines de plus qu'escompté. Nous créons un corps dans lequel vous allez vivre pendant le restant de vos jours, alors soyez constant et vous serez comblé par le résultat.

Si vous avez peu de poids à perdre (par exemple 5,5 kg ou moins), vous les perdrez en un seul cycle de 6 semaines et vous vous sculpterez, dans le même temps, un corps ferme et élancé. Si vous avez 14 kg à perdre, il faudra peut-être un cycle et demi. Pour perdre quatre à six tailles, comptez deux à trois cycles. Vous comprenez l'idée. Contentez-vous de suivre la méthode de façon constante jusqu'à atteindre votre but. Lancez-vous et ne vous arrêtez pas.

Si nos clients arrivent avec pour objectifs la transformation de leur corps et la perte de poids, ils repartent avec de nombreux autres bénéfices. Même si c'est tentant, ne vous focalisez pas sur la perte de graisse. En changeant de mode de vie, les résultats arrivent, que vous soyez obsédé par eux ou pas.

VOICI CE QUI VOUS ATTEND :

★ **Votre taux de graisse corporelle va fondre** aussi vite que physiquement possible, sans entamer la masse musculaire. Vous perdrez généralement une taille et demie à deux tailles, après chaque cycle de 6 semaines.

★ **Votre corps va se raffermir** et votre silhouette sera plus galbée, fine et ferme.

★ **Votre taux de graisse viscérale va diminuer** (c'est la graisse cachée dans votre ventre, qui entoure vos organes internes) et revenir à un taux salutaire, en réduisant le risque de maladies cardiovasculaires, de cancer, de diabète de type II, d'arthrose et d'AVC.

★ **Vous aurez un regain d'énergie ainsi qu'une meilleure concentration** et serez plus efficace.

★ **Vous allez stimuler votre métabolisme** (métabolisme de base ou MB) grâce à un corps plus puissant.

★ **Le bonheur va remplacer l'humeur maussade** puisque vous ne serez plus sujet aux variations de glycémie. Vos hormones vont se stabiliser à merveille et vous serez calme, plein d'énergie et heureux.

★ **Votre stress va descendre en flèche** alors que vous prendrez davantage soin de vous, que vous mangerez bien, que vous bougerez de façon intelligente et veillerez à dormir plus. La vie va prendre de nouvelles perspectives.

★ **Votre peau va considérablement s'améliorer** avec toutes les vitamines, les antioxydants et les boissons. Elle sera hydratée, éclatante et paraîtra nettement plus jeune.

★ **Vous allez perdre du ventre,** en améliorant radicalement votre digestion et en puisant dans votre graisse abdominale.

★ **La cellulite va diminuer,** puisque de nombreux facteurs la favorisant sont éliminés (mauvaise alimentation, régime à la mode, mauvaise circulation et déshydratation).

★ **Votre sang transportera de l'oxygène et des nutriments** à chaque cellule de votre corps, grâce à un débit sanguin plus intense et une alimentation riche en nutriments. Chacun des exercices contribuera à évacuer les débris cellulaires de votre système sanguin.

★ **La densité de vos os va s'améliorer** alors que vous augmenterez la masse musculaire de votre structure et réduirez le risque d'ostéoporose pour votre vie future.

★ **Vous vous sentirez reposé et plus du tout fatigué,** puisque la quantité et la qualité de votre sommeil seront améliorées du fait de l'exercice physique régulier et de votre meilleure hygiène de vie.

★ **Vous adopterez des habitudes positives,** prendrez grand soin de votre apparence et habiterez un corps qui sera affiné, élancé et beau.

★ **Vous serez motivé à vous battre dans d'autres domaines de votre vie,** car vous serez dynamique et en pleine forme.

★ **Votre libido va se réveiller,** car votre énergie et votre confiance en vous vont grimper en flèche et votre périnée va se raffermir (pour information : de nombreuses clientes tombent enceintes avant la fin du programme).

★ **L'exercice régulier va baisser votre tension artérielle au repos**, réduire les risques de maladies cardiovasculaires et d'AVC. (J'ai conscience que ce point semble beaucoup plus ennuyeux que le précédent.)

★ **Votre espérance de vie et votre qualité de vie vont augmenter,** tandis que les risques de maladies cardiaques, de cancer et de diabète vont diminuer, car vous adoptez une alimentation riche en phytonutriments, en antioxydants et en vitamines. Vous réduisez considérablement votre consommation d'alcool et de sucre et vous êtes plus actif.

★ **Vous serez fier de montrer l'exemple** à votre famille, en prenant grand soin de votre corps et de votre santé de manière intelligente et constante.

★ **Vous serez libéré des régimes à la mode** et heureux d'avoir trouvé un mode de vie pratique, durable et satisfaisant.

Cette liste de promesses qui change la vie réclame une attention totale au cours de la phase de transformation. La clé est la constance. Ces promesses s'envolent si vous picorez à droite à gauche et buvez quelques verres de vin par-ci, par-là. Décidez-vous à réussir : commencez, ne vous arrêtez pas et obtenez enfin des résultats pour la vie.

DES RÉSULTATS POUR LA VIE

Pour que les résultats radicaux de ma méthode durent toute la vie, vous devez protéger et améliorer votre métabolisme et changer définitivement vos habitudes.

La motivation est ce qui vous pousse à vous lancer dans le programme, mais – quelle que soit votre personnalité – cela ne dure jamais bien longtemps. Ce sont les habitudes qui vous permettent de continuer à avancer. Au cours du programme, vous devez vous dire « Je change mes habitudes pour mon bien » et non « Je suis au régime ». C'est l'un des points les plus importants de mon approche, alors ne le négligez pas. C'est ce qui fera toute la différence entre un changement de vie permanent et une transformation géniale, mais éphémère. Or, je veux plus qu'une simple transformation pour vous. Je veux qu'elle dure toujours.

En adoptant une hygiène de vie qui fait fondre la graisse corporelle, qui préserve la masse musculaire et qui vous aide à vous raffermir, vous protégez et stimulez votre taux métabolique. Votre métabolisme est exclusivement stimulé par la quantité de masse musculaire dans votre corps (c'est la raison pour laquelle les hommes ont besoin d'un apport calorique plus grand que les femmes). Donc, plus vous avez de muscle, plus votre métabolisme est bon.

En 20 ans, je n'ai jamais rencontré de clients ayant un « mauvais métabolisme » – juste des corps sous-entraînés ou ayant perdu leurs muscles, à la suite de nombreux régimes. En suivant mon programme riche en protéines et en exercices physiques, on parvient à récupérer cela. Avec la bonne approche, chaque corps peut récupérer et se transformer. Concentrez-vous sur la précision de ma méthode et visionnez votre « robinet brûle-graisse » en train de libérer la graisse goutte après goutte tandis que vous protégez votre précieux métabolisme.

Si vous avez déjà suivi de nombreux régimes, vous avez l'idée préconçue que les résultats sont le fruit de la douleur, de la souffrance et de l'inconfort. Or, il n'en est rien. Vous découvrirez que c'est la constance et non la sévérité qui offre les résultats les plus étonnants et que le changement est tout aussi ambitieux que le résultat obtenu.

Visez haut. Ne transigez pas. Ma méthode n'a pas besoin de compromis. Vous n'avez qu'une seule vie, alors vivez-la dans le meilleur corps et avec la meilleure santé qui soit.

LE CERCLE VICIEUX DES RÉGIMES À LA MODE

Rappelez-vous : ce sont les habitudes qui vous font avancer et maintenir vos résultats. Nous allons créer de nouvelles habitudes positives et abandonner les négatives. La priorité est de sortir du cercle infernal et destructeur des « régimes à la mode ». Libérez-vous-en. C'est la meilleure chose qui me soit arrivée.

Tout « régime » extrême, pauvre en protéines ou en calories, vous fait perdre vos muscles précieux et vous déshydrate. L'apparente « perte de poids » réussie est un leurre.

Avant de commencer un programme, vous devez vous poser deux questions :

* **Vais-je toujours pouvoir le suivre 80 % du temps dans cinq ans ?**

* **Est-ce que je dirai à ma fille adolescente de le suivre ?**

Si, au plus profond de vous, vous réalisez que la réponse à l'une de ces questions est « non », alors ne commencez pas.

UNE ANNÉE DE RÉGIME

Vous verrez très vite qu'une « perte de poids » de 5 kg avec ma méthode (qui seront 5 kg de pure graisse) aura un résultat nettement plus impressionnant qu'une « perte de poids » identique avec un régime à la mode (où seul un tiers environ est du gras). Voici l'histoire d'une femme au régime, qui va sans doute vous sembler familière.

Imaginons que nous sommes en janvier, vous pesez 68 kg et vous en avez marre de porter une taille de plus que l'an passé. Vous vous lancez alors dans un jeûne de 2 semaines à base de jus. C'est très dur, mais vous perdez 5 kg, ce qui vous ravit. Vous pesez désormais 63 kg, mais vous ne rentrez toujours pas dans vos habits d'avant, bien que vous pesiez 63 kg l'été dernier. Hélas, ce n'est pas votre sèche-linge qu'il faut blâmer, mais bien la cure de jus. La majorité du « poids perdu » était de l'eau et du muscle. Vous avez dû perdre environ 1,5 kg de graisse, 1,5 kg de muscle et 2 kg d'eau.

Certes, vous avez perdu un peu de gras, mais surtout du tonus. Votre métabolisme est au plus bas et vous ne rentrez toujours pas dans vos vêtements. Ce jeûne a été comme une paralysie qui vous laisse affamée et sans stratégie. Votre instinct vous dicte de manger plus, pour récupérer la nourriture dont vous vous êtes privée pendant 2 semaines. Il est probable que vous soyez attirée par des aliments riches en calories – non par faiblesse, mais par instinct de survie (et parce que c'est humain). Vous blâmer et avoir des remords, comme on gronde un enfant pour avoir volé de la nourriture, vous pousse à manger de plus grosses portions et à acheter systématiquement une barre chocolatée en rentrant chez vous.

Jusqu'à fin janvier et en février, vous mangez trop, vous reprenez 3 kg de graisse et vous jurez de démarrer une détox stricte en mars. Vous pesez maintenant 67 kg et vous pensez avoir progressé depuis janvier, même si ce progrès est faible. Pourtant, vous êtes plus mal qu'en janvier, avec 2 kg de graisse en plus, 1,5 kg de muscle en moins et un métabolisme plus bas. Vous rencontrez, une fois de plus, la déception, car vous avez de nouveau échoué à perdre une taille.

En mars, vous commencez une détox stricte. Vous arrêtez de consommer du blé, de la viande, des produits laitiers, de la caféine et de nombreux autres ingrédients, parce qu'un ami vous a dit que c'était ce qui faisait grossir. La première semaine, vous souffrez d'un terrible mal de tête, car votre corps est en manque de caféine, mais vous vous sentez vertueuse et vous pensez à tort que votre corps se débarrasse des toxines. Ce programme est restrictif et impossible à mener avec une vie « normale », donc vous cédez à un café latte et à un croissant au cours de la troisième semaine et laissez tomber. Vous avez perdu 3 kg, ce qui vous fait plaisir, et vous vous dites que vous avez reperdu ce que vous aviez repris après le jeûne. Vous pesez de nouveau 63 kg.

Hélas, comme le programme était pauvre en protéines et que vous n'aviez plus aucune énergie pour faire du sport, vous avez de nouveau perdu 1,250 kg de masse musculaire, 1,250 kg de graisse et 500 g d'eau. Depuis janvier, le bilan est que vous avez pris 500 g de graisse et perdu 3 kg de muscle, malgré tous les efforts engagés pour suivre deux « régimes » difficiles et votre refus de faire la fête.

Pour le restant du mois de mars et en avril, vous tentez de bien manger, en consommant des produits sains la semaine et en vous octroyant quelques verres et bons repas le week-end. Vous reprenez l'exercice. Vous maintenez votre poids et reprenez 500 g de muscles.que vous aviez perdus précédemment, ce qui est une bonne chose pour votre métabolisme. Mais, en mai, vous trouvez que vous avez fait beaucoup d'efforts pour un maigre résultat. Vous entendez alors parler d'un programme dans lequel vous mangez ce que vous voulez du moment que vous jeûnez deux fois par semaine. Vous vous dites que vous pouvez le faire et êtes encouragée par Mandy, du service comptabilité, pour qui cela a fonctionné. Elle a perdu 20 kg et vous assure que c'est « super-facile ».

Vous suivez ce principe pendant un mois, puis vous arrêtez, car vous avez pris 1 kg de graisse. Vous savez que c'est dû au fait que vous mangez beaucoup trop pendant les cinq « jours de liberté », mais vous avez tellement faim que c'est plus fort que vous. Vous retentez le coup jusqu'en août et tenez bon pendant deux mois. Les journées de privation sont terribles et, comme vous ne parvenez pas à vous concentrer au bureau, vous les faites le week-end et vous en avez marre d'embêter vos amis avec votre « nouveau grand régime ». Quand arrive le lundi, vous êtes affamée et votre consommation de nourriture augmente de 30 % comparé aux jours d'avril, quand vous aviez débuté la première fois. L'excédent de calories ne fait qu'équilibrer les jours de famine et vous ne perdez aucun poids.

Vous faites une pause en août et buvez beaucoup de rosé lors des barbecues, tout en enviant les filles qui n'ont pas à se cacher sous un cardigan. Vous vous promettez d'être mince l'année prochaine.

En septembre, vous décidez de faire quelque chose de « sensé » cette fois-ci et vous rejoignez un groupe d'amaigrissement auquel vous jurez d'aller chaque semaine jusqu'à Noël. Si tant de personnes y arrivent, c'est que c'est possible et la salle pleine de gens dans la même situation que vous vous encourage. Vous commencez bien. Vous comptez chaque tomate cerise et évitez les « péchés ». Vous perdez 2 kg le premier mois, soit 1,5 kg de gras et 0,5 kg de muscle.

En octobre, vous partez en vacances et vous mangez moins pour compenser les « mauvais points » des cocktails pris avec Jane qui n'accepte jamais que vous lui disiez non. Vous avez constamment faim et vous êtes déçue de ne pas pouvoir manger de club sandwich au bord de la piscine comme tout le monde. Vous aimez par-dessus tout les club sandwichs, cette privation vous pèse et vous vous apitoyez sur votre sort. Dans l'avion, sur le chemin du retour, vous dévorez une barre de Toblerone® qui était destinée à votre père, parce que la barre de céréales soi-disant « régime » mangée au petit-déjeuner vous a ouvert l'appétit avec tous ses sucres cachés et aucune protéine. Pourtant, elle entrait parfaitement dans votre calcul de points. Vous mangez six morceaux de Toblerone®, puis vous tentez d'amortir le coup la semaine suivante, certaine d'avoir tout ruiné en mangeant le chocolat.

Vous vous promettez de retourner aux séances de votre groupe d'amaigrissement la semaine prochaine, mais vous avez tellement de travail que vous décidez de suivre le régime toute seule. Vous reprenez les 2 kg perdus en septembre ainsi que 1,5 kg de plus. Que de la graisse. Vous êtes revenue à 65 kg et, depuis janvier, vous avez pris 3 kg de graisse et perdu 2,5 kg de muscle.

Votre métabolisme est lent, car vous avez perdu plus de 15 % de votre masse musculaire totale, amenuisant votre métabolisme de 15 %.

Vous ne terminez jamais le « régime » et, une semaine avant Noël, vous paniquez à la vue de cette robe achetée en décembre dernier et dans laquelle vous ne rentrerez pas à moins de vous allonger. Vous avez besoin d'une solution rapide cette fois-ci, donc vous entamez une semaine de régime à base de beaucoup de lipides et de protéines. La perte de poids est satisfaisante, mais vous ne supportez plus la vue d'un œuf et rêvez de manger une orange. Vous perdez 2 kg cette semaine, la moitié d'eau et l'autre de graisse.

Noël arrive et vous ne vous privez de rien, mais vous êtes rongée par la culpabilité et vous ne prenez aucun plaisir à manger. Les rôtis de Noël sont bons, mais l'orange au chocolat vous a coupé l'appétit. Vous êtes serrée dans vos vêtements et vous vous jurez de perdre tout votre surpoids d'ici Noël prochain. Vous serez comme ces filles sur Instagram, qui postent des porridges à la noix de coco et aux baies de goji. Vous prenez 1,5 kg de graisse à Noël.

Entre Noël et le Jour de l'an, vous essayez de nombreuses recettes bio, ultra-saines et nourrissantes, avec des ingrédients introuvables au supermarché du coin. Vous êtes heureuse d'avoir du pain d'abeille et du grué de cacao dans votre placard. Vous petit-déjeunez d'un porridge à la noix de coco arrosé d'un miel très coûteux. À midi, vous mangez du riz brun et du tofu dans une boîte bento apportée fièrement au travail. Le soir, vous vous préparez une grosse salade de quinoa avec deux avocats bien mûrs, beaucoup d'huile d'olive et de graines. Pour vos collations, vous dégustez des barres de granola faites maison, à base de sirop d'agave, de raisins secs et d'huile de coco. Tout cela est tellement vertueux que vous avez rejoint le sacro-saint mouvement *healthy*.

Vous vous pesez le soir du réveillon du Jour de l'an et découvrez, livide, que vous avez pris 1 kg (principalement constitué de gras). Même si les aliments récemment consommés sont bons sur le plan nutritif, ils sont très caloriques et seules des filles qui enseignent le yoga à longueur de journée peuvent les consommer. Votre métabolisme brimé ne peut pas faire face. Vous êtes perplexe. Vous ne comprenez pas pourquoi cela convient aux autres et pas à vous.

Donc, en un an de régime et de privation, vous avez fait un jeûne à base de jus, une détox, un jeûne intermittent, un régime collectif, une semaine hyperprotéinée et tout fait pour mener une vie bio et saine. Vous pesez 66 kg, certes moins qu'en janvier, mais vous avez pris 4 kg de graisse, perdu 3 kg de muscle et 15 % de votre métabolisme.

Si cette histoire vous semble familière, alors il est temps d'arrêter les régimes et d'entamer la méthode Louise Parker.

CE N'EST PAS VOUS, C'EST LE RÉGIME

En décidant de réussir avec ma méthode, vous devez oublier les échecs de vos précédents régimes. La plupart d'entre eux fonctionnent sur la courte période pendant laquelle vous les suivez, si tant est que la « perte de poids » soit l'unique fondement. Il en va tout autrement si le critère est la perte de masse graisseuse et la longévité des résultats.

En partant du principe que vous êtes voué à l'échec, vous avez tout essayé et absolument rien n'a fonctionné pour vous. Vous avez sans cesse échoué. Or, je pense qu'il faut être plus bienveillant envers vous-même. Selon moi, *vous* n'êtes pas responsable de l'échec : ce sont les régimes qui vous ont fait échouer.

Je déteste les régimes-chocs, même si je comprends que les gens veuillent des résultats rapides. Toutefois, il est possible d'atteindre ces mêmes résultats sans se livrer à un régime violent et sans s'adonner à la dernière mode minceur. Je ne cache pas non plus mon mépris pour les cures de jus qui font fondre les muscles de façon alarmante et amenuisent votre métabolisme.

La plupart des centres d'amincissement prêtent peu d'attention à la juste quantité de protéines et à l'équilibre des macronutriments (des composés nutritionnels nécessaires en grande quantité dans le corps), facteurs essentiels pour le maintien du métabolisme et le contrôle de l'appétit sans lesquels une personne au régime ne peut qu'échouer (et ce ne sera pas de sa faute). Les programmes alimentaires qu'on lui demande de suivre sont à base d'aliments allégés à forte teneur en sucre et ils stimulent son appétit. Elle n'a alors que sa volonté pour se reposer, quand son estomac gronde, et je ne suis pas surprise qu'à long terme le taux d'échec de ces régimes soit de 80 %.

Je pense que la « désintoxication » physiologique est louche, sauf si vous êtes en train de décrocher de l'héroïne. Je n'ai jamais compris non plus quelles « toxines » les gens cherchaient à chasser en faisant une détox. Si vous souhaitez changer votre alimentation sur le long terme, votre corps retrouvera la santé et vous n'aurez plus besoin de le purger. Commencez par manger en beauté et votre corps prendra soin de lui tout seul.

J'ai moi-même fait toutes ces erreurs et je sais combien c'est désespérant, mais je sais aussi qu'il existe un moyen plus simple, plus intelligent, prouvé scientifiquement – et surtout plus bienveillant – pour mincir, avec des résultats bien supérieurs à ceux des régimes-chocs.

"MINCE" ET PAS "MAIGRE"

Il ne se passe quasiment pas un jour sans qu'une nouvelle étude scientifique ne clame les bénéfices d'un verre de vin rouge ou d'une barre de chocolat consommés chaque jour. C'est sans doute bon pour votre santé et aussi pour votre tension artérielle, mais cela ne va pas faire fondre votre postérieur.

Et si la noix de coco et le grué de cacao sont pleins de « bienfaits », ne vous laissez pas duper. En effet, ces aliments sont souvent tellement caloriques qu'ils se retournent contre vous, si vous essayez de mincir avant l'été. Or, les calories que contiennent ces aliments bruts de cette tendance sont tellement « bonnes » que nous voyons de plus en plus de clients ayant suivi ces régimes se trouver aujourd'hui « en surpoids organique ».

Avec les exercices quotidiens, vous serez plus affiné. Ce qui ne veut pas dire maigre. Vous serez svelte *et* mince.

La confusion touche donc ici à son terme. Je vous promets de vous montrer la voie d'une alimentation saine, équilibrée et surtout durable.

La différence est grande entre manger sain et manger équilibré.

LA DANSE

Considérez ma méthode comme une sorte de danse qui, une fois que vous en maîtriserez les pas et les règles, deviendra naturelle pour vous. Ainsi, vous l'accomplirez de façon spontanée. Une fois votre but atteint, vous aurez adopté l'habitude de manger en beauté la plupart du temps et saurez faire la fête en gardant un certain équilibre, sans ressentir une once de culpabilité et sans changer de taille de vêtement.

Imaginez un cercle intérieur (qui représenterait le cœur de la méthode que vous devrez suivre 100 % du temps, le temps de la phase de transformation) entouré d'un cercle extérieur. Avant de commencer le programme, je vais vous expliquer ce qu'être dans le cercle intérieur signifie et morceler votre objectif en tout petits morceaux.

Tout au long de votre programme, vous resterez en plein milieu du cercle intérieur, jusqu'à ce que vous ayez atteint votre but. Au fur et à mesure de votre transformation, il sera certains jours facile de rester au centre du cercle, mais d'autres jours, vous aurez le sentiment d'être mis à l'épreuve. Si cela arrive, il vous faudra visualiser le cercle intérieur et vous concentrer sur le fait que vous devez rester à l'intérieur du cercle. Essayez de ne pas mettre un pied en dehors et ne laissez personne vous en faire sortir. Soyez tenace, soyez déterminé, soyez fier et n'ayez de cesse de rester à l'intérieur du cercle.

Si vous sortez du cercle (un verre de vin, un biscuit ou deux, ou un jour ou deux sans exercice), ne paniquez pas. Sortir du cercle n'est pas la fin du monde. En revanche, revenez immédiatement dans le cercle intérieur, car votre but est d'y passer le plus de temps possible.

Écartez la « pensée nauséabonde » (voir page 31) et les mauvaises habitudes qui sabotent les résultats. Des biscuits ne peuvent pas ruiner le parcours. Vous devez juste rentrer à la maison, dans le cercle intérieur. C'est comme prendre un taxi pour rentrer chez vous après quelques verres au lieu de monter dans un avion pour trois jours de fête à Las Vegas.

Plus vous passerez de temps dans le cercle intérieur et non dans le cercle extérieur, plus vite vous « prendrez l'habitude » et atteindrez votre but. Rappelez-vous : la voie la plus simple est la plus directe.

Vous resterez tous les jours dans ce cercle intérieur, jusqu'à atteindre votre but. Une fois atteint, vous pouvez commencer à danser dans le cercle extérieur (un rôti le samedi, la moitié d'une bouteille de vin avec des amis, par exemple), mais vous devrez toujours retourner dans le cercle intérieur, où vous passerez environ 80 % du temps.

Je grimace toujours lorsque j'entends quelqu'un dire qu'il a « fauté », car boire un verre de vin n'est pas fauter, mais juste esquisser un pas de danse.

Selon que vous êtes actif ou pas, vous passerez probablement environ 20 % de votre temps dans le cercle extérieur. Mais ne cessez pas de sortir, de rentrer, d'aller dans le cercle extérieur, puis de rentrer à la maison – ne passez pas quatre jours à la maison et trois jours dehors. Ce n'est pas équilibré. L'équilibre c'est « dedans/dehors » et cela fait une énorme différence.

Bien entendu, en certaines occasions, vous devrez sortir des deux cercles. Il serait d'ailleurs bizarre ou trop restrictif de vous en empêcher, que ce soit à Noël, pour le Jour de l'an, le voyage à Paris pour votre anniversaire où chaque repas est une fête et où votre routine d'exercices physiques est ajournée. Occasionnellement, cela pourra en « valoir la peine ». Dans ce cas, profitez-en, mais ne le faites pas trop souvent.

En vacances ou dans la vie, je ne m'interdis pas quelque chose qui me fait envie. Si je le veux, je le prends, puis je retourne immédiatement danser dans le cercle intérieur. C'est tellement devenu une habitude que je n'ai même plus à y penser. J'aime la vraie liberté qu'offre la danse. Mais comme tous les nouveaux mouvements de danse, vous devez apprendre les pas jusqu'à ce que le rythme devienne naturel pour vous.

1

★ Adoptez un esprit positif et envisagez le succès.
★ Prenez le temps chaque jour pour des plaisirs simples.
★ Faites face à vos inquiétudes et dissipez-les.
★ Entourez-vous de gens positifs et inspirants.

PENSEZ "POSITIF"

Dans ma méthode, l'état d'esprit est le premier pilier et probablement aussi le plus important. Vous allez cultiver une attitude gagnante et la répéter jusqu'à ce qu'elle devienne une habitude. Le cerveau est le muscle le plus important dans votre transformation et vous allez l'entraîner sans cesse, comme vous le feriez avec votre corps.

J'ai toujours été quelque peu obsédée par l'état d'esprit des gagnants. Le talent, la stratégie et la préparation jettent les bases, mais c'est seulement quand ces facteurs rencontrent une perspective absolue du succès que le brio éclate. Que vous soyez un footballeur de première division, un P.-D.G. du FTSE 100* ou que vous essayiez simplement de perdre du poids, vous avez besoin des mêmes ingrédients pour gagner. Les mêmes principes que ceux qu'utilise un grand footballeur pour entrer dans son équipe nationale (ou une femme d'affaires pour devenir P.-D.G.) peuvent être appliqués à une perte de poids durable et vous permettre de réussir. Pensez en termes de business plan pour votre corps. Votre corps est semblable à une entreprise. Ayez une vision claire, une stratégie, des contributions et des résultats, une valeur et une culture d'entreprise et menez une activité florissante.

Mes clients sont des personnes qui ont vraiment réussi dans la vie, mais dont le corps est souvent un chaînon manquant. Mon rôle est de les coacher pour qu'ils adoptent des habitudes saines à vie. Une partie de mon travail est de reprendre les principes du succès qu'ils ont appliqués aux autres domaines de leur vie et de les appliquer aux quatre piliers de ma méthode. Tout se met alors merveilleusement en place.

Je souhaite que vous soyez en permanence positif et en quête d'excellence. Rien à voir avec la perfection qui n'existe pas. Contentez-vous d'œuvrer pour obtenir la meilleure version de vous-même.

Adoptez l'habitude de la pensée positive, et chaque fois que votre esprit s'égare dans la « pensée nauséabonde » (voir page 31), remplacez-la par une pensée positive. Cela semblera étrange au début, comme lorsqu'on conduit du mauvais côté de la route, mais à force de retourner vos pensées, cela fera vite partie de votre « nouvelle normalité ».

** FTSE 100, ou « footsie » : indice boursier des 100 entreprises les mieux cotées à la Bourse de Londres.*

Ne le faites pas, devenez-le

Lorsque vous prenez l'habitude de l'excellence, elle ne fait alors plus qu'une avec vous. Si vous restez distinct du nouveau style de vie que vous essayez d'adopter (vous faire livrer sept jours par semaine des jus devant votre porte, vous inscrire à un régime collectif « le temps de perdre 10 kg » ou suivre une détox pendant trois jours), cela ne durera pas et ne fera jamais partie intégrante de vous. Alors, pensez ma méthode comme un anti-régime : vous y apprendrez comment prendre – à vie – des habitudes dans votre quotidien.

La méthode Louise Parker est bien plus que « quelque chose que l'on fait actuellement » – c'est « juste ce que l'on fait » et, quand le changement se produit, c'est pour toujours. Au début, comme vous devrez réajuster vos habitudes, votre sommeil, votre dépense physique et votre façon de penser, vous aborderez cette nouveauté tel un défi. Voyez ces changements comme les pas d'une nouvelle danse et non comme un « régime ». Souvenez-vous : vos changements sont permanents et vous en finissez une bonne fois pour toutes avec la mode des régimes.

Pourquoi des millions de gens réussissent-ils à perdre beaucoup de poids et reprennent-ils ensuite tous leurs kilos ? N'est-ce pas irritant de voir que le business model des sociétés qui vendent les programmes minceur les plus populaires dans le monde se fonde sur l'échec et qu'une grande majorité de leurs clients retournent sans cesse les voir dès qu'ils reprennent du poids ? Je suis convaincue que quand la personne « qui le fait » se sent séparée du programme – en peinant et en ignorant la nécessité d'en faire un véritable mode de vie –, elle finit par arrêter. Tant qu'une chose reste juste ce que vous « faites », avec une date de départ et une date de fin, totalement distincte de vous, vous finirez invariablement par dire « stop ». D'autant plus quand les modalités sont insoutenables (et elles le sont généralement). Voyez au-delà de la date de fin de la transformation. Le programme de 6 semaines va vous permettre d'atteindre de fabuleux résultats, mais il prévoit de recalibrer vos habitudes afin que le dernier jour devienne en fait le premier jour de votre « nouvelle normalité ». Le jour 42 n'est pas le terme du programme, mais le début d'un nouvel art de vivre.

Trouvez pour vous la parfaite mesure

Pour que la méthode Louise Parker ne fasse plus qu'une avec vous, elle doit s'ajuster parfaitement. La méthode est précise, mais elle propose un large choix parmi lequel vous devez « trouver votre parfaite mesure ». Si vous vous sentez comme dans une paire d'escarpins serrés, agrandissez-les légèrement jusqu'à ce que vous soyez à l'aise. Vous devez trouver un degré de confort durable.

Si vous aimez vous entraîner à 9 h du soir, faites-le. Le meilleur moment de la journée pour bouger est le moment où cela aura lieu chaque jour. Si vous n'aimez pas un aliment, ne le mangez pas, car cela ne deviendra jamais une habitude. Explorez les menus que vous préférez et mettez en place des habitudes qui n'auront de cesse de ponctuer votre journée d'une grande satisfaction. Vous devrez définir un répertoire de recettes qui vous plaisent – à vous et à votre famille – et qui s'inscrivent dans votre vie.

Le but est que vous mangiez toujours ainsi 80 % du temps – et *toujours,* c'est très long. Pour aborder ces nouvelles habitudes avec sérieux, pensez à cet aspect et trouvez ce qui vous sied pour que vous en ayez toujours envie.

Pour que ma méthode fasse partie intégrante de vous, elle doit s'ajuster parfaitement. Le confort doit être durable.

MANOLO BLAHNIK
MANOLO BLAHNIK
MANOLO BLAHNIK

Ayez de l'audace

La méthode consiste à viser haut pour atteindre votre plein potentiel, ce qui requiert de l'audace. En vous lançant dans le programme, mettez de l'audace dans votre attitude, dans vos actions et dans votre aspiration. Quand les résultats impressionnants viendront (et ils viendront), vous voudrez continuer avec enthousiasme. Au départ, vous avez un peu d'espoir et de foi que je vais vous aider à transformer en attitude gagnante. Il faut faire éclore ce bourgeon de détermination et le cultiver. Cependant, pour qu'il pousse, il faudra vous en occuper tous les jours.

Si vous commencez sans y croire pleinement, que vous négligez la préparation ou définissez un objectif qui ne vous motive pas, vous risquez de tomber dans la médiocrité, ce qui n'est pas du tout compatible avec ma méthode.

Ne vous en remettez pas à la chance et n'attendez pas que quelque chose d'extraordinaire advienne par magie. Personne n'a un beau corps juste par chance. Certes, certains corps ont été créés pour poser et pour nous faire rêver (dont beaucoup avec lesquels j'ai travaillé). Une chose est sûre, le mannequinat est désormais plus tourné vers l'aspect mince, radieux et en bonne santé et il ne promeut plus trop les « héroïnes chics » décharnées. La plupart des top models s'entraînent et mangent comme des athlètes. Elles seraient très jolies sans rien faire, mais pas assez belles pour être mannequin, et je vous jure que si elles se mettaient à mal manger, elles aussi grossiraient. Certes, elles grossiraient peut-être plus lentement que vous, mais une mauvaise hygiène de vie finit toujours par vous rattraper.

Je ne crois pas en la chance – ce qui est sans doute étrange pour quelqu'un qui a rencontré son mari à l'arrivée des bagages. Paul ne devait pas se trouver dans le même avion que moi qui reliait Hong Kong à Londres. Il avait loupé son vol à Shanghai et avait dû faire un détour inattendu. En attendant nos valises, nous étions à 3 m l'un de l'autre pendant une dizaine de minutes, puis il a pris ses bagages et il est parti. Quelque chose à l'intérieur de moi s'est déclenché, une audace que je n'avais jamais expérimentée auparavant. Vite, je l'ai suivi et je lui ai tapé sur l'épaule. Je n'avais jamais fait cela auparavant (et ne l'ai jamais refait depuis). Je pense souvent à ce moment d'audace qui a changé le cours de ma vie. En une fraction de seconde, cette décision a été à l'origine de ma vie et de ma famille merveilleuses. Je ne pense pas que c'était de la chance. Juste une décision audacieuse qui a tracé ma voie. La fortune sourit aux audacieux.

Je veux voir de l'audace dans votre décision d'embrasser les quatre piliers de ma méthode pour atteindre le succès. Souvenez-vous que vous visez un objectif inédit. Il vous faut donc plus d'audace que jamais. Mettez de l'audace en tout, dans votre décision de vous lancer, dans votre positivité, dans votre activité physique, dans vos repas, dans votre enthousiasme, dans vos attentes.

Fixez votre stratégie et ne vous en écartez pas

Ma méthode est la meilleure stratégie pour réussir une perte de poids durable et être en bonne santé. Tout ce que je vous explique pour chacun des quatre piliers renvoie à une seule stratégie qui ne peut échouer, si vous vous y attelez. Assurez-vous de comprendre les tenants et les aboutissants, car vous les appliquerez mieux à vous-même en les comprenant bien. Ne vous amusez pas à piocher de-ci de-là dans ma méthode pour la mélanger avec une autre. La stratégie est parfaitement calibrée pour vous assurer un parcours facile et efficace. Cet équilibre judicieux ne peut être défié en y adjoignant les principes d'une autre méthode. Si j'avais pu ajouter d'autres facteurs pour rendre ma méthode plus efficace, je l'aurais fait. Tout est là et tout fonctionne, alors ne changez pas des recettes déjà testées et approuvées.

Définissez vos objectifs, puis repensez-les 30 % plus ambitieux.

Rêvez plus grand

Pour réussir en toute chose, vous devez avoir de grands objectifs et une stratégie claire. Il en va de même pour ma méthode. Vous devez définir vos objectifs pour tirer bénéfice de la stratégie que la méthode Louise Parker propose.

Vous devez définir le succès. Que signifie-t-il pour vous ? Je vous demande juste de le définir puis de le mettre de côté et d'y penser à nouveau, mais cette fois-ci avec 30 % d'audace en plus. Aucune personne un peu sensée ne va s'adonner quotidiennement à la médiocrité. Par conséquent, voyez les choses en grand. Vos objectifs doivent vous stimuler et vous propulser dans le programme, jusqu'à ce que les habitudes se mettent en place.

Puisque nous avons une stratégie qui fonctionne à merveille, pourquoi ne pas envisager des objectifs plus grands que vous n'avez jamais imaginés avant ? N'importe quel corps peut changer et devenir plus beau, plus svelte, plus mince, plus élancé, plus élégant et beaucoup plus sain. Suivre ma méthode sans obtenir de résultats spectaculaires serait défier la science. Si votre parcours est plus long, acceptez qu'il le soit, car le temps finira forcément par passer.

Vous devenez ce à quoi vous pensez, donc choisissez vos pensées avec précaution. Elles deviennent ce que vous dites, puis les mots deviennent des actions et des habitudes qui façonnent le corps et la vie auxquels vous aspirez. Ne vous sous-estimez pas. Agissez dans le respect de vos rêves. Votre cœur a besoin d'y croire. Nous appelons cela : « passer votre commande ». Voyez grand, car vous méritez de vivre une vie abondante, dans un corps sain, heureux et beau.

Visualisez la victoire dans votre esprit

Visualiser votre objectif est primordial pour réussir et j'aime l'expression « regarder le film de son esprit ». Votre victoire doit être définie, précise et tangible, afin que vous puissiez la ressentir en fermant les yeux. Vous devez concrètement sentir une chaleur et des picotements le long de votre colonne vertébrale. Échouer n'est pas une option.

Prenez une petite heure pour créer *votre* vision dans le « film de votre esprit » et allez au-delà de l'esthétique – cela fera la différence entre la concrétisation de vos objectifs et la médiocrité. Pensez à ce que sera votre *sensation* dans votre corps plutôt qu'à votre *apparence* dans ce corps. Vous devez le sentir et pas seulement le voir. Quand vous vous sentez puissant, mince, svelte et sûr de vous, je peux vous assurer que vous serez beau et sexy.

Je peux toujours ressentir la vision que je m'étais créée en débutant ma deuxième transformation postnatale. Milly avait quelques mois quand j'ai décidé de retrouver mon corps pour des vacances en Thaïlande, 12 semaines plus tard. Pas une minute je n'ai pensé que je n'y parviendrais *pas*. J'ai passé ma commande. Je l'ai visualisée et j'ai présumé que cela allait arriver.

J'avais 14 kg à perdre, un corps à raffermir et deux enfants qui ne dormaient pas la nuit. Cependant, je ne voulais pas être découragée. Je me souviens avoir passé ma commande au cours d'une marche vivifiante dans Wimbledon Common. Je pouvais me sentir debout, sur la première marche d'un immense bassin, Sophie en train de jouer dans l'eau à côté et Milly, contre ma hanche, avec ses petites jambes potelées qui pendent entre les ficelles de mon bikini blanc. Mon corps était chaud, ma peau picotait au soleil et l'eau sous mes pieds était fraîche. L'odeur de la terre chaude après la pluie flottait dans l'air. J'étais heureuse, ancrée et puissante dans mon corps.

Souvent, j'ai repensé à cet instant, jusqu'au jour où, trois mois plus tard, je me tenais au même endroit. J'avais un puissant sentiment de déjà-vu – ce qui n'a rien d'étonnant, puisque j'avais mentalement déjà fait l'expérience de ce moment des centaines de fois dans ma tête. La visualisation est tellement puissante que le cerveau ne distingue pas la réalité de ce qui a été imaginé. Votre cerveau construit à la lettre les sentiers auxquels il repensera comme étant des routes pour que votre visualisation devienne une réalité.

I love you

Écrivez-le, n'y pensez pas

Un objectif n'est pas clair tant qu'il n'est pas couché sur le papier. J'aime la maxime « Pensez avec de l'encre » et j'écris toujours mes objectifs. Pour que votre visualisation devienne réalité, prenez le temps de l'écrire sur une feuille. Vous allez améliorer vos résultats en définissant vos objectifs visualisés par écrit. Vous leur permettrez ainsi de se connecter avec le reste du programme. Rappelez-vous de définir ce que le succès signifie pour vous et dépassez l'idée de « Je veux perdre du poids ». Mettez par écrit la visualisation que vous allez imposer à votre esprit dans les semaines à venir. Faites une liste de cinq autres buts, car cela va vous motiver et vous pousser au challenge.

Commencez et ne vous arrêtez plus

Maintenant est toujours un bon moment pour commencer. Vous n'aurez jamais six semaines devant vous sans aucun voyage, mariage, événement et projet.

Au cours de la phase de transformation, vous ferez de votre mieux pour suivre tous les jours chacune des stratégies. Je suis convaincue que la voie directe est de loin la route la plus facile. Pendant dix ans, nous avons suivi, dans mon entreprise, des programmes menant directement nos clients à leurs objectifs. Car c'est la constance qui forge l'habitude et ce sont les habitudes qui remportent la partie. Vous devez donc prendre la décision de commencer et de ne plus jamais vous arrêter, jusqu'à ce que votre but soit atteint. Quelles que soient les raisons, rien ne devrait, sans votre accord, vous faire sortir de la course et vous dévier de vos objectifs.

Anticipez chaque obstacle, décidez comment vous allez le franchir et parlez-en avec vos amis. Être responsable est nécessaire lorsque vous débutez. Ayant suivi le programme trois fois dans son intégralité (après la naissance de mes filles), je sais combien c'est important. Semaine après semaine, j'en ai fait part à mon équipe, car c'était une façon d'accroître nettement mes résultats et de faciliter mon parcours.

Quand le chemin vous semble difficile, relisez vos objectifs, téléphonez à un ami ou, mieux encore, sortez prendre l'air et marchez. Enfin, allez voir un film dans le « cinéma de votre esprit ». Si vous tombez, apprenez à vous relever, mais ne retombez pas dans la « pensée nauséabonde » en perdant une semaine. Ne laissez pas un paquet de Maltesers® vous tenter et dévier le parcours d'une semaine en mangeant de nouveau trop, alors que vous pouvez reprendre le fil dès le repas suivant. La différence entre prendre ou *pas* cette habitude est fondamentale pour changer.

Ne pensez pas que « vous octroyer une journée *off* » soit une récompense. Au contraire, vous défaites le travail de quatre jours et partez à l'opposé de vos objectifs. C'est un peu comme faire quatre jours de grand ménage, puis laisser des adolescents organiser une grosse fête et vous retrouver à tout nettoyer pendant quatre jours. Peine perdue.

Récompensez-vous avec des choses qui vous font plaisir et qui n'ont aucun lien avec la nourriture : faites le tri dans votre dressing, redécorez votre salon ou résolvez un problème qui vous tracasse. Cela demande bien entendu de la concentration et aussi un certain degré de saine obsession.

Une saine obsession

Le mot « obsession » est délicat. Votre objectif est de changer de mode de vie, d'en finir avec les régimes à la mode et d'obtenir de fabuleux résultats. Je vais donc vous ôter l'obsession de « faire un régime » ou de « ne pas être au régime » – avec tout ce que cela induit, tant physiquement qu'émotionnellement.

Votre constance au cours de la phase de transformation est récompensée par les résultats obtenus et par les habitudes adoptées qui vous libèrent de l'obsession du régime. Pour en finir avec cette obsession, pour rester dans la course et permettre à la magie de la constance d'agir, un degré de saine obsession est requis. Les habitudes naissent de la constance.

Donc, un degré d'obsession saine n'est pas une mauvaise chose. Il vous mène jusqu'à votre but et fige les habitudes. Obsession saine ou implication totale : voilà ce qui vous démarque de ceux qui ne passent jamais la ligne d'arrivée.

Chacun des « gagnants » que j'ai rencontrés à ce jour a un degré d'obsession cultivé de façon positive pour atteindre le but fixé. Ne passez pas votre samedi à cuisiner des repas dans des boîtes Tupperware®, car c'est déprimant et ça ne durera pas. En revanche, anticipez et pensez à un plan sensé et soutenable. Gardez en mémoire que nous créons des habitudes qui doivent durer et passer le test des cinq ans.

Voyez l'obstacle et surmontez-le

Une fois que le commutateur est activé dans votre esprit, plus aucun obstacle n'est insurmontable et vous prenez l'habitude de zigzaguer entre les problèmes, chaque embardée venant stimuler votre motivation.

Lorsque vous considérez que les défis sont stimulants et sont un exercice pour votre responsabilité, cela change positivement votre concentration et vos résultats. Sachez qu'il y aura des fêtes et d'autres moments qui viendront mettre en doute votre détermination. Dans ces moments, décidez de rester par tous les moyens « dans le cercle ». Si vous pensez sans cesse à sortir du cercle, reprenez vos esprits et ne cédez pas. Ne laissez pas votre esprit alimenter le doute ni les pensées négatives.

Considérez ce défi mental comme quelque chose d'excitant et prouvez-vous combien votre esprit est fort. Vous n'avez encore pas idée de votre force mentale.

La veille de ma dernière transformation postnatale, je suis partie marcher dans le massif des Sussex Downs. J'ai pris la décision de commencer et de ne pas m'arrêter tant que mon objectif ne serait pas atteint. Je savais que cette période n'était pas idéale pour commencer, mais qu'il n'y aurait jamais de moment parfait. J'étais alors épuisée, je jonglais entre le travail et un nouveau-né et des amis venaient passer le week-end chez nous pour voir le bébé. C'était une époque éreintante, mais bonne. Le plus gros obstacle était les vacances d'été. Quinze jours pendant lesquels, chaque année, les familles de mes deux frères et la mienne se rejoignaient dans notre maison du Sussex pour souffler et discuter, allongées sur la pelouse, à boire des Pimm's (en quantité).

J'ai pris la décision de franchir cet obstacle tout en en profitant. Chaque jour, avant que tout le monde se réveille, je faisais mes exercices. Ensuite, je cuisinais mes délicieux plats pour tout le monde. Au petit-déjeuner, panier de fruits et bircher muesli* ; au déjeuner, poulet mariné et grillé accompagné de salades divines ; enfin, pour le dîner, steaks et gigot d'agneau avec des légumes du jardin. Je faisais griller des nectarines et des pêches, servies avec du yaourt grec au fruit de la passion et de la menthe. Je préparais aussi de la salade de pommes de terre nouvelles et servais du pain complet frais à table que je ne mangeais pas. Cela ne me pesait pas, puisque j'aimais tout ce que je mangeais. J'ai fait l'impasse sur le vin et les Pimm's, ce qui était un vrai défi. En 15 jours, j'ai perdu 3 kg et j'ai passé un été magique. Avec le recul, les verres de rosé ou les pommes de terre ne m'ont pas manqué. Je me suis prouvé qu'aucune situation ni aucun obstacle n'étaient insurmontables. Ne surestimez pas les obstacles pour éviter de commencer. Lancez-vous !

Constance et non pas sévérité

Au cours de la phase de transformation, vous allez chaque jour coller aux habitudes de la méthode et les répéter sans cesse jusqu'à ce qu'elles s'ancrent. En répétant inlassablement la stratégie du succès, votre corps parvient tous les jours à des gains marginaux dans les quatre piliers, ce qui a pour résultat une transformation phénoménale.

Nous tournons le dos à la sévérité et créons un mode de vie qui vous siéra et qui sera confortable pour vous, afin qu'il ne vous quitte pas la majeure partie du temps.

Pendant la phase style de vie, la discipline s'assouplira et vous continuerez de vivre avec de bonnes habitudes la plupart du temps, mais vous pourrez vous permettre de faire la fête, lorsque vous jugerez que cela « en vaut la peine » pour vous, sans compromettre la beauté de votre nouveau corps. Ainsi, vous serez comblé.

En pratiquant la constance dans les quatre piliers, vous prenez des habitudes qui durent toute la vie et qui vous rapprochent de votre objectif centimètre après centimètre. Une fois votre rythme de croisière trouvé – celui ou votre « robinet brûle-graisse » continue à couler lentement –, les résultats arrivent étonnamment vite.

** Le bircher muesli, appelé aussi « bircher », est un mélange de flocons d'avoine, de lait et de fruits, mis au point par le Dr Bircher au XIXe siècle.*

Commencez
et ne vous
arrêtez pas.

La perfection n'existe pas

Je sais combien la perfection peut être un handicap et je ne vous suggère pas d'ajouter à votre détermination la pression du perfectionnisme. La perfection n'existe pas. Tout le monde peut avoir un petit coup de mou (voire plusieurs). Remontez en selle dès le repas suivant. Voyez cette sortie de route comme une opportunité pour redéfinir vos objectifs et revenir plus fort et rappelez-vous que vous pouvez recommencer votre journée à tout moment. Retournez la situation en votre faveur, laissez ça derrière vous et foncez.

L'imperfection n'est pas un échec, mais juste la réalité du flux et reflux de la vie. Alors que vous vous focalisez sur votre détermination, ne considérez pas un incident de parcours comme étant la fin du monde. Ce n'est pas pour autant que vous n'atteindrez pas d'incroyables résultats. Il convient de considérer la constance comme partie intégrante de la stratégie. Ainsi, vous n'avez pas à être sévère avec vous-même. Tout ne va pas s'effondrer si vous n'êtes pas parfait. Mais soyez aussi constant que possible.

Ne sabotez pas votre progression en pensant que si vous n'avez pas effectué chaque journée à la perfection, autant sauter quelques jours et recommencer le lundi d'après. C'est à ce stade que le perfectionnisme peut mener à la « pensée qui fait grossir » . Jamais, après un coup de soleil, vous ne vous diriez : « Tiens, je vais m'enduire d'huile pour bébé et me mettre au soleil à midi ».

Identifiez la pensée nauséabonde

C'est en identifiant et en chassant la « pensée nauséabonde » que la stratégie de vos habitudes de vie va fonctionner. Vous devez tout d'abord reconnaître les pensées qui vous empêchent de réussir un véritable changement de vie. Rompez avec les échecs du passé et laissez-les là où ils sont : dans le passé. Abandonnez la mentalité « au régime/ pas au régime » des cures d'amincissement et endossez la responsabilité des excuses que vous avez trouvées jusqu'ici pour éviter le succès. Je n'ai en vérité jamais vu de « mauvais métabolisme » chez aucun de mes clients – juste des masses musculaires trop basses, ce qui peut être amélioré. Assurez-vous que vous n'avez pas plus peur de réussir que de perdre, parce que tel est souvent le cas.

Mettez vos pensées négatives par écrit et décidez des changements positifs que vous devez réaliser.

Feindre, puis le faire vraiment

Vous l'avez entendu des centaines de fois, mais croyez-moi. Agissez comme la personne que vous voulez devenir. Adoptez ses habitudes, marchez dans ses pas, imaginez ses pensées et devenez la meilleure version de vous-même. Feindre les habitudes jusqu'à ce qu'elles deviennent naturelles est parfois essentiel pour y arriver. Je suis rarement nerveuse, à deux exceptions près : quand je prends l'avion et lorsque je dois parler en public, deux choses pourtant essentielles à ma vie. J'ai tout essayé : l'hypnose, la méditation et même les médicaments. L'unique solution est la feinte. Je fais comme si j'adorais parler en public et que j'étais la meilleure oratrice au monde. Ainsi, j'agis un moment comme cette fille et cela me permet d'avancer. Même chose dans l'avion, au décollage : je prétends que j'aime cette euphorie dans mon ventre, annonciatrice du début de l'aventure. Cela fonctionne toujours.

Passez votre commande pour des résultats époustouflants.

Ensemble, c'est mieux

C'est indéniablement en équipe et avec du soutien que l'on peut réaliser de grandes choses. J'en ai fait l'expérience à plusieurs occasions dans ma vie. Je dois entièrement le succès de mon entreprise au travail d'équipe où chacun apporte sa pierre à l'édifice. Je crois que tout est possible quand une équipe partage les mêmes valeurs et objectifs. Les programmes signature Louise Parker se reposent sur les stratégies de la méthode et sur un soutien constant, quel que soit le lieu où se trouvent nos clients.

Le partage, l'honnêteté, la motivation et la responsabilité sont les ingrédients essentiels du succès. Faites-vous accompagner, car d'incroyables choses arriveront avec quelqu'un à vos côtés. Ensemble, vous serez plus forts et transformerez l'essai pour obtenir le corps de vos rêves et un nouveau mode de vie. Alors, appelez un ou plusieurs amis pour qu'ils vous rejoignent.

2

- ★ Désencombrez votre environnement.
- ★ Détox digitale chaque soir après 21 h.
- ★ Dormez 7 heures par nuit.
- ★ Faites une « sieste du cerveau » de 20 min par jour.

VIVEZ "BIEN"

Dans ce chapitre, vous allez adopter de nouvelles habitudes pour un mode de vie dans lequel vous vous sentirez vraiment bien. Elles ont à la fois une portée scientifique et un impact sur le bien-être et elles permettent aux trois autres piliers de résister à l'épreuve du temps. Ces habitudes, vous les créerez pendant la phase de transformation, mais il faudra les soigner lorsque vous adopterez le style de vie. En veillant à les conserver, vous continuerez d'œuvrer pour l'amélioration de votre vie et de votre corps.

Il est essentiel de prendre en considération votre stress et votre sommeil, car ils ont un impact sur les hormones qui favorisent la perte de poids. Vous apprendrez à remplacer le chaos, l'angoisse et la désorganisation par un mode de vie préparé, organisé et serein. Votre nouvelle vie sera tellement belle que vous ne voudrez plus jamais revenir à celle d'avant.

Un beau cadre de vie

Vous allez embellir votre cadre de vie.

Je crois que rendre tout ce qui vous entoure plus beau (votre table de nuit, votre décoration, votre espace de travail ou votre bureau) a un impact profond et positif sur votre humeur, votre motivation et votre façon de penser.

La première étape de transformation consiste à préparer un chemin calme et organisé vers le succès. Ce sera donc un effort à faire les premiers jours, puis vous devrez l'entretenir et continuer d'ôter les mauvaises herbes qui perturbent votre sérénité.

Si ces améliorations sont conséquentes, prenez le temps d'y penser, de les visualiser, de les mettre par écrit et de trouver le temps pour les mettre en œuvre. Aucune vie ne peut être belle, détendue et calme au milieu du désordre et du chaos. Par conséquent, ne négligez pas cet exercice. Il n'est pas facultatif.

★ Désencombrez votre cadre de vie et débarrassez-vous des objets qui ne sont ni beaux ni pratiques. Votre maison et votre espace de travail doivent refléter votre opinion de vous-même.

★ Ayez une cuisine, un réfrigérateur, un congélateur et un garde-manger beaux, propres et bien garnis. Investissez dans de beaux contenants pour stocker. C'est joli et l'on trouve tout facilement.

★ Là où vous passez le plus de temps, entourez-vous d'objets que vous aimez : des photographies qui vous mettent de bonne humeur, un dessin d'enfant, un soliflore.

★ Réservez chez vous un espace calme pour travailler et assurez-vous que c'est un lieu qui vous plaît. Prévoyez aussi de pouvoir transformer l'espace en salle de gym en deux minutes. Je m'entraîne dans mon salon avec quelques équipements que je range dans une belle boîte derrière la porte.

★ Gardez constamment une trace des factures et papiers. Ainsi, vous n'avez pas à faire de grand ménage et vous ne vous retrouvez pas assailli par le stress. Adoptez une attitude « Fais-le maintenant ». J'aurais aimé savoir cela il y a vingt ans.

Mangez avec style

Vous allez manger avec style et sur un « air de fête ».

Dans le chapitre Mangez « en beauté » (voir page 50), vous trouverez 80 recettes qui forment la base de ma méthode. Toutes ont été mises au point pour être inspirantes, belles et, pour la plupart, délicieusement simples. Cependant, la façon dont vous cuisinez et dont vous mangez est aussi importante que les ingrédients eux-mêmes. Prenez quelques minutes supplémentaires pour que vos plats soient les plus beaux possible. Mangez « sur un air de fête », même si c'est une simple collation. Cela vous rappelle que « vous le valez bien ». Cela vous encourage à aimer votre nouvelle alimentation, ce qui est un engagement dans votre style de vie qui ne vous quittera plus. Terminé les repas debout devant le frigo. Ce n'est pas chic.

Dormez, dormez, dormez

Vous allez dormir sept heures par nuit et plus quand vous le pourrez.

Vos résultats à court et à long terme seront très nettement améliorés en aménageant votre vie pour améliorer la qualité et la durée de votre sommeil. Nous allons mettre en place une routine du coucher et vous faire dormir selon un schéma régulier qui assure sept heures de sommeil par nuit. Les semaines où des obstacles surgiront, vous devrez bousculer vos habitudes les premières semaines, puis cela deviendra naturel.

Je dirais qu'environ la moitié de nos clients arrivent avec des troubles du sommeil. Ils sont en manque constant, car ils sont incapables d'aller se coucher, ils se lèvent au milieu de la nuit ou sont réveillés tôt par un enfant. Or, si un client est tout le temps fatigué, nous devons remédier à cela au plus vite.

Le manque de sommeil est un facteur aggravant dans la prise de poids et il doit être combattu pour assurer des résultats plus durables dans le temps. Si vous manquez de sommeil, votre perte de poids ralentit et le maintien du poids devient un vrai combat.

Le sommeil favorise la perte de poids en régulant la fonction d'hormones directement liées à l'appétit et à l'humeur. Nous avons tous été un jour épuisés au point de remettre à plus tard nos exercices et de nous servir un thé avec un biscuit comme remontant.

Le manque de sommeil incite notre corps à libérer la ghréline, surnommée « hormone de la faim ». Nous ne pouvons alors plus contrôler notre appétit et sommes tentés par des collations très sucrées pour un apport rapide en énergie. La leptine est l'hormone qui dit à notre cerveau que nous sommes rassasiés et que nous devons arrêter de manger, mais lorsque nous sommes fatigués, cette hormone est moins produite. Quand ces hormones vont à l'encontre de notre intérêt, la perte de la masse graisseuse et le combat pour éviter de regrossir sont difficiles. Je crois que notre capacité à transformer notre corps est intimement liée aux hormones et pas uniquement à la volonté. Avec un corps qui œuvre en votre faveur, vous avez alors toutes les chances de réussir.

Nos clients qui dorment régulièrement sept heures par nuit perdent beaucoup plus de poids que ceux qui manquent de sommeil. La différence est stupéfiante. On voit d'ailleurs souvent une perte de poids spectaculaire chez les femmes, après l'accouchement, lorsque les nouveau-nés commencent à faire leur nuit. J'ai moi-même connu cette accélération dès que mes filles se sont mises à dormir « comme un bébé ».

En termes simples, mieux vous vous sentez, plus vous êtes enclin à vous entraîner et à manger intelligemment et en beauté. Le système est très simple, et tout ce dont vous avez besoin, c'est de pratiquer, pratiquer et pratiquer encore. Vous tenir éloigné de la télévision requiert de la discipline, mais dès que vous en aurez pris l'habitude, vous adorerez ça.

★ **Commencez par définir à quelle heure** vous devez vous lever le matin, afin de commencer la journée en étant relaxé, d'avoir du temps pour préparer le petit-déjeuner et faire vos exercices, si vous devez prendre cette nouvelle habitude.

★ **Calculez l'heure de coucher sept heures plus tôt,** auxquelles vous ajoutez une marge de 30 minutes.

★ **Établissez un « couvre-feu digital » strict,** 1 h 30 avant d'aller au lit. La lumière des écrans stimule votre cerveau et empêche le sommeil. En outre, ces activités sont chronophages (qu'il s'agisse d'un téléphone mobile, d'un téléviseur ou d'un ordinateur portable). Or, vous avez besoin de gagner du temps, pas d'en perdre. Enregistrez votre émission préférée et regardez-la avant votre couvre-feu digital ou le week-end. Mettez votre réveil et, s'il est sur votre téléphone, rangez-le dans un tiroir, car il doit être hors de votre vue.

★ **1 heure avant de vous coucher** : c'est le moment idéal pour prendre un bon bain chaud avec 6 gouttes d'huile essentielle de lavande et 120 g de sels d'Epsom (sauf si vous avez une peau sensible). Le magnésium du sel d'Epsom permet à vos muscles de se détendre et la lavande a un effet réparateur et sédatif. En refroidissant après le bain, votre corps refroidit et vous commencez à avoir sommeil, à l'heure prévue pour votre coucher.

★ **Assurez-vous que l'heure avant le coucher** est calme et relaxante. Tamisez la lumière, faites-vous plaisir en allumant une bougie parfumée ou pulvérisez une brume sur votre oreiller. Mettez de la musique classique apaisante, puis assurez-vous que la chambre n'est ni trop froide ni trop chaude.

★ **Faites en sorte que votre lit soit très beau :** investissez dans des draps en coton d'Égypte ou en lin, dans un surmatelas ou dans un duvet en soie qui régule la température corporelle.

★ **Entrez dans votre lit dans les plus beaux vêtements** que vous puissiez vous offrir. Lisez un vrai livre en papier dans votre lit, jusqu'à ce que vos yeux commencent à se fermer. Vous avez alors tous les ingrédients pour une merveilleuse nuit de sommeil.

Éliminez le stress

Attaquez le stress bille en tête et soyez calme et heureux.

Il y a dix ans, j'étais la première à ignorer cet aspect et je le regrette. Jusqu'à ce que je voie de mes propres yeux combien le stress ralentit la perte de poids. Au moment où j'ai commencé à m'occuper de clients très prestigieux – P.-D.G. d'entreprises du FTSE 100, hommes politiques et entrepreneurs qui vivent dans les avions et sous une pression constante –, il m'est devenu impossible d'ignorer encore la question du stress dans mes programmes.

Le stress est à l'origine de nombreux problèmes de santé qui altèrent la qualité de vie – hypertension, problèmes cardiaques, dépression et déficience immunitaire – et il perturbe le cours de votre existence. Le problème est universel et nous aidons tous nos clients – P.-D.G. comme chefs pâtissiers – à combattre le stress. En effet, quelle que soit la pression qui pèse sur vous (une négociation à 8 milliards d'euros ou 400 cupcakes à confectionner), le stress reste du stress.

Quand on est très stressé, il est important d'agir rapidement. Souvent, un acte simple et réconfortant suffit, comme boire ou manger un bout. C'est en effet le taux élevé de cortisol – l'hormone du stress – qui vous pousse à manger des glucides et du sucre. C'est très rassurant et cela fonctionne. Aussi, une fois que vous cédez, vous en prenez l'habitude. La prochaine fois que vous serez stressé, vous ferez de même, car votre cerveau aura appris que c'est que vous faites. C'est votre réponse comportementale.

Nous allons donc casser cette habitude. D'abord, en réduisant considérablement votre stress, pour que le cortisol ne vous pousse pas vers le sucre, puis en orientant cet élan vers quelque chose de bon pour vous, ce qui va réduire votre stress *et* la taille de votre postérieur. Une fois que vous aurez rompu avec ce cycle, votre cerveau saura que telle est votre « nouvelle normalité ».

Pour éviter de manger trop de glucides, il faut de l'intention. En vous réveillant le matin, impossible de savoir si la volonté sera au rendez-vous aujourd'hui. Il faut vous faire aider de vos hormones pour contrôler – entre autres – votre stress, car tout ce stress vous empêche réellement de mincir.

J'aime répartir le stress en quatre catégories : les caresses au lion, les attaques de requins, les morsures de scorpion et les piqûres de moustiques.

Les caresses au lion

La caresse au lion est un *bon* stress. C'est elle qui vous réveille le matin, vous stimule et vous rend heureux. C'est quand vous avancez dans la vie, quand vous prenez des risques, que vous avez peur, mais que vous foncez quand même, quand vous allez sur scène sans notes pour parler à un public de 400 personnes et quand vous écrivez un livre et que vous paniquez à l'idée que seule votre maman l'achètera. C'est aussi tendre votre numéro de téléphone à cet inconnu à l'aéroport, en espérant qu'il ne se moquera pas de vous. Sans cette caresse, la vie serait terriblement ennuyeuse et nous continuerions tous à vivre dans des grottes. Je pense qu'il faut caresser des lions pour vivre sa meilleure vie.

Les attaques de requin

Les attaques de requin sont graves, mais heureusement rares. Elles surgissent de nulle part et vous laissent vous débattre ensuite pendant des mois. On peut les attirer en nageant en eaux dangereuses, mais ce sont aussi ces événements douloureux qui surgissent invariablement dans la vie. L'attaque de requin, c'est lorsque son copain couche avec sa meilleure amie, le décès d'un être aimé ou le risque de perdre sa maison. Ces attaques sont terrifiantes et coupent la faim ou le sommeil, mais on finit toujours par les surmonter. Si vous avez le sentiment de ne pas encore les avoir surmontées, c'est que le processus de guérison n'est pas terminé. Cela finit toujours pas guérir. Vous ne pouvez jamais prévenir une attaque de requin, mais vous pouvez contrôler votre réaction.

Les morsures de scorpion

Les morsures de scorpion sont les mauvaises nouvelles qui peuvent vous stresser pendant plusieurs jours, semaines ou mois. C'est quand vous vous battez avec votre sœur, quand vous perdez 20 % de vos économies suite à un très mauvais investissement ou quand votre offre a été refusée pour la maison de vos rêves. Vous survivrez toujours aux morsures de scorpion, mais il vous faudra du temps pour passer à autre chose. Et à moins de couper net avec elles, elles font planer un nuage noir au-dessus de vous, ce qui les rend plus irritantes encore et difficiles à gérer.

Les piqûres de moustique

Les piqûres de moustiques sont très désagréables. C'est ce moment où vous faites tomber votre tartine beurrée

sur votre chemisier en soie, 10 minutes avant de partir au travail ; quand vous découvrez que vous n'aurez pas deux minutes à vous le lundi ; quand vous avez dit oui à trop de choses et ne pourrez pas faire face à tout ou encore quand votre fille renverse du vernis à ongles sur votre tout nouveau tapis. Votre cœur s'emballe, vous êtes énervé et rêvez d'un smoothie au Valium®. Certains jours, vous pouvez être couvert de piqûres de moustiques sans que rien n'entame votre bonne humeur. D'autres jours, une seule piqûre peut vous faire partir au quart de tour, pour peu que vous ayez déjà été mordu par un scorpion.

Contrairement aux attaques de requin qui coupent l'appétit de façon temporaire, le stress constant et chronique des piqûres de moustiques ou des morsures de scorpion favorise la prise de poids.

Comment le stress fait-il grossir ?

On entend souvent que le stress fait maigrir. Nous connaissons en effet tous quelqu'un qui a perdu 6 kg après une très grosse attaque de requin. Une crise d'anxiété aiguë peut également couper l'appétit pendant quelque temps. L'adrénaline monte en flèche dans le corps et peut rapidement faire perdre du poids (et du muscle). Même si nous consolons notre ami d'un : « Après la pluie, le beau temps », l'effet de cet amaigrissement est très négatif et occasionne une perte de muscle et une baisse du métabolisme.

Voilà pourquoi le stress chronique dû aux morsures de scorpions et aux piqûres de moustiques attise l'appétit. Face à un stress constant, vous avez alors envie de beaucoup plus de glucides et prenez de mauvaises habitudes. Les hormones vous poussent vers la nourriture réconfortante, au même moment où le stress engloutit votre motivation, votre enthousiasme et votre optimisme.

Tout cela est lié au système neuroendocrinien, ce chemin qui relie le cerveau au corps et qui a été essentiel à notre survie à l'ère paléolithique. Nous avions alors besoin d'alertes : « Bats-toi ou enfuis-toi », pour survivre face à un ours de 2,5 m (ce qui, à l'époque, n'était sans doute qu'une morsure de scorpion). Hélas, ce système, toujours bien réglé, ne nous sert plus que lorsque nous sommes bloqués dans un ascenseur. Il est cependant activé *à tout moment* quand vous vous sentez menacé ou faites face à un stress de type piqûre de moustique.

Notre corps libère vite de l'adrénaline (cette vague chaude d'énergie qui nous pousse à bouger) ainsi qu'une dose de cortisol et de corticolibérine (CHR). L'adrénaline et la CRH atténuent temporairement votre appétit, mais ce n'est que fugace. Le cortisol attend son tour et son rôle est de réapprovisionner le corps après le passage du stress (quelle que soit la gravité de la morsure ou de la piqûre). Il vous pousse alors à manger plus et à stocker de la graisse dans la zone viscérale – à l'intérieur de votre ventre, tout autour des organes. Or, c'est un facteur de risque pour de nombreuses maladies. C'est pourquoi perdre du ventre est difficile.

Le corps apporte le sucre à vos muscles par le sang. Pour transférer le sucre du sang vers l'organe de destination, il faut que le corps libère de l'insuline (l'hormone de stockage des graisses), car c'est elle qui ouvre les portes des cellules et permet au sucre d'entrer. Des taux de glycémie et d'insuline élevés induisent donc une prise de masse graisseuse.

Quand vous vous fustigez après avoir craqué pour un bagel, c'est en réalité une envie physique, biologique et humaine. Ce n'est pas pour autant une raison pour ne rien faire, pour blâmer vos hormones et pour ajouter de la confiture sur votre bagel. Il faut savoir que les hormones sont à l'origine de cette envie de glucides. Au cours des différents changements dans votre mode de vie – l'amélioration du sommeil (voir page 38) et la réduction du stress –, savoir contrôler et stabiliser vos hormones est un facteur de réussite. Quand les résultats seront moindres, vous pourrez, certes, blâmer le stress et cette chimie interne au cerveau qui nous conduit à manger face au stress. Cependant, c'est aussi une habitude que vous pouvez décider de perdre, en vous attaquant frontalement au stress.

La vie nous lance sans cesse des défis et vous allez devoir prendre le contrôle de tout, en vous disant que c'est une bonne chose à faire. Combattre la procrastination permet de se sentir libre, mais c'est un effort permanent. Mon petit mantra est : « Fais-le maintenant » et il consiste à faire ici et maintenant tout ce qui m'épuise. La seule façon pour être libre est de faire les choses, en empruntant la voie la plus directe et la plus facile. Il vous faudra le faire, alors autant le faire tout de suite.

Réduisez radicalement le stress

Voici mes conseils pour réduire *tous* les types de stress. Ces stratégies font partie de la méthode Louise Parker. Elles permettent de réduire tous les types de stress dans votre vie.

Combattez le stress avec ce que vous mangez

Chaque repas et collation vont être une véritable fête.

Manger cinq petits repas par jour, équilibrés en macronutriments (plutôt que trois repas par jour avec des aliments riches en glucides), permet de garder un taux de glycémie stable, d'éviter la production d'insuline et les pertes d'énergie. Cela réduit votre taux de cortisol, contrôle votre masse graisseuse (en particulier autour du ventre) ainsi que votre appétit. Votre nouvelle façon de vous alimenter, plus riche en fibres et en protéines, contrôle le taux de glycémie et prévient la faim.

Pendant la phase de transformation, vous cesserez de consommer de l'alcool (et vous boirez raisonnablement pendant la phase style de vie), car cela crée un pic d'insuline et de cortisol qui favorise la production de graisse. Vous réduirez votre consommation de caféine qui augmente aussi le cortisol. Votre alimentation riche en nutriments assurera un bon apport en complexe de vitamines B, en vitamine C, en calcium et en magnésium. Autant d'éléments, amenuisés par le stress, qui sont nécessaires pour équilibrer le cortisol et brûler la graisse. Vous mangerez également des aliments favorables à la sérotonine (l'hormone régulatrice d'humeur), dont des aliments complets présents dans chaque recette. Tous les éléments de ce merveilleux équilibre participent à un système hormonal heureux et en bonne santé.

Combattez activement le stress en bougeant

Vous allez faire de l'exercice tous les jours, sans exception.

L'exercice est la meilleure arme antistress. Pas une séance de sport, à la fin d'une horrible journée, sans que je me sente infiniment mieux. De l'exercice physique intense (mais pas brutal) a un effet incroyable sur le stress, à court et à long terme. Il réduit l'hormone du stress, ou cortisol (sauf lorsqu'il s'agit d'un exercice extrême, ce qui ne sera pas votre cas), et il augmente les hormones du plaisir et de la bonne humeur.

Endorphines : ce sont des substances chimiques naturelles qui interagissent avec votre cerveau. Lorsqu'elles sont libérées par l'exercice, elles produisent le même effet « planant » que les opiacés (humeur positive, plaisir accru et diminution des douleurs). Elles sont également libérées quand vous êtes enthousiaste ou amoureux, quand vous mangez des aliments épicés ou que vous faites l'amour. J'espère que vous expérimenterez prochainement ces merveilles.

Sérotonine : en faisant de l'exercice, vous augmentez le taux de tryptophane dans le cerveau, responsable des acides aminés qui produisent la sérotonine (l'hormone de la joie). Une déficience ou une difficulté dans l'assimilation de la sérotonine engendre la dépression. La sérotonine est également stimulée par le soleil et par le régime – ce à quoi nous tendons, puisque vous allez pouvoir vous entraîner et bouger à l'extérieur aussi souvent que possible.

Dopamine : c'est la neurohormone du bien-être et de la motivation. Cette substance chimique active la zone du plaisir dans le cerveau. Elle est libérée par de nombreuses activités de ma méthode (bouger, atteindre ses objectifs, faire l'amour) et par d'autres que vous ne pratiquerez pas (prendre des drogues).

Chaque fois que vous cochez un exercice de la méthode Louise Parker ou que vous accomplissez une tâche (une bonne nuit de sommeil, une contrariété résolue, la préparation de vos repas du lendemain et tout ce qui vous rapproche de votre but), vous recevez une petite dose de dopamine. Or, la dopamine vous motive à avancer vers votre objectif et le bonheur qui va avec. En fait, votre taux de dopamine détermine votre constance à atteindre votre but.

On comprend de mieux en mieux la chimie du cerveau et il a été prouvé que l'exercice constant (oui, encore ce mot) permet de préparer les circuits du cerveau à réagir de façon plus positive au stress et à l'anxiété. Ce, tout le temps et pas seulement juste après avoir fait de l'exercice. Faire du sport permet donc d'éradiquer rapidement le stress en libérant toutes ces hormones bien-être. En faire une habitude quotidienne permet d'obtenir des bénéfices durables et de gérer le stress de façon incroyablement plus saine et sereine.

Pratiquez les plaisirs quotidiens

Ponctuez votre journée avec de nombreux plaisirs.

Qu'est-ce que le bonheur pour vous ? Pensez à tous les plaisirs dans votre vie quotidienne, sans vous projeter ni dans le futur ni dans les questions financières et matérielles. Concentrez-vous sur les personnes, les plaisirs et les loisirs.

Je suis la première à avouer que je suis plus proche de Joan Collins que de Mère Teresa et l'une de mes meilleures amies m'appelle *Wanty Wanty**. Pas une goutte de sang amish ne coule dans mes veines, car j'aime le luxe sous toutes ses formes : les beaux tissus, l'art, les couvertures des livres, les vêtements fabuleux, les chaussures Manolo Blahnik®, les sacs à main en cuir souple et les vacances de luxe. J'aime la qualité, le détail et la beauté. Je ne m'en cache pas – je ne pense pas qu'il faille en avoir honte –, car je travaille dur pour cela et je sais au plus profond de moi ce qui compte vraiment.

Je serais tentée de résumer le bonheur en un sac Birkin® gris clair et en une semaine à la Barbade – ce qui me ferait tout de même pousser un cri immense –, mais tout ceci est éphémère : les vacances ont une fin et il y a *toujours* un autre sac.

Certes, il n'est pas grave d'aspirer à certaines choses ou de rêver à des lieux, mais trouver du plaisir dans l'instant présent est primordial (où que vous soyez et quelle que soit votre situation). Ce sont les plaisirs qui ponctuent notre quotidien qui nous rendent vraiment heureux. Il est futile, en effet, de vivre une vie à 95 % pénible, fatigante et stressante et rêver de passer 5 % de votre temps en vacances luxueuses.

** « Wanty wanty, no getty » : expression jamaïcaine désignant une personne qui désire quelque chose mais ne parvient pas à l'obtenir.*

Pendant un moment, oubliez les pensées telles que « Si seulement j'avais ça, je serais heureux ». Pensez aux moments de votre journée, à votre vie, à *aujourd'hui*, à ce qui vous apporte les plus grands plaisirs. Les moments qui vous font chaud au cœur et qui sont probablement des choses simples : s'asseoir un instant pour déguster un café avec une mousse bien épaisse ; faire un câlin sous une couverture à votre enfant, lové contre votre poitrine, et sentir sa respiration ou faire doucement l'amour avec votre mari (idéalement *pas* quelqu'un d'autre) dans votre sommeil.

Listez quatre choses dans votre vie quotidienne qui vous font très plaisir. C'est peu et c'est suffisant pour ponctuer votre journée de grands soupirs de bonheur. Ces choses doivent être simples et ne pas coûter plus de cinq euros (ce qui permet de se payer un bon cappuccino). Je veux m'assurer que vous allez y penser, l'écrire et prendre le temps de ponctuer votre journée avec ces plaisirs simples.

Ces petits moments vont libérer de la dopamine qui va s'attaquer au stress. Il est peut-être difficile de croire que caresser le chien pendant 5 minutes favorise votre perte de poids. Cependant, maintenant que vous pouvez faire le lien, cela agira vraiment. Ma méthode a pour but de vous faire vivre votre *meilleure* vie, dans le meilleur des corps.

Vous contrôlez votre style de vie. Si vous ne l'aimez pas, changez-en.

La « sieste du cerveau »

Mettez votre cerveau au repos 20 minutes par jour.

Ce dont je parle ici, c'est de mettre le cerveau au repos pendant 20 minutes et de le déconnecter totalement, chose que vous ne pouvez pas faire en naviguant sur Internet, en regardant la série *Scandal* ou en « likant » des *avocado toasts* sur Instagram. Je parle d'un moment calme où il n'y a que vous et rien autre (et pas même vos pensées).

Votre corps et votre esprit vont *bien se porter* si vous leur offrez une « sieste du cerveau » de 20 minutes chaque jour : ils vont se réveiller alertes, prêts à conquérir, à construire et à créer. Je *sais* que cela va vous sembler irréaliste en termes de temps : si vous le pouvez, commencez par 5 minutes, puis ajoutez 5 minutes chaque semaine. Arrivé à la semaine 4 de la phase de transformation, vous ferez une « sieste du cerveau » de 20 minutes par jour.

Vous pouvez mettre votre cerveau au repos de différentes façons : en jardinant, en promenant le chien, en traînant dans un bain ou simplement en vous allongeant sur votre lit avec un masque de sommeil. La méditation est le moyen le plus profond pour faire une « sieste du cerveau », donc si vous méditez déjà, c'est fantastique : programmez une séance sur votre agenda. Je dois être honnête : j'ai essayé à maintes reprises d'apprendre la méditation traditionnelle – assise en prenant la pose avec les doigts joints et guidée par des chants, mais cela ne prend pas avec moi. Cela figure toujours sur ma *to-do list*, à côté du yoga et de l'italien, et ce n'est pas grave, car j'aime avoir encore sans cesse des choses à découvrir dans ma boîte à innovations. Moi, je médite à ma façon et si les gammes de « Om Namah Shivaya » ne fonctionnent pas avec vous, trouvez votre propre manière de méditer.

Dès que vous sentez le stress monter dans votre ventre, une « sieste du cerveau » s'impose. Si l'ambiance est stressante au bureau, mettez-vous à l'écart et regardez par la fenêtre pendant quelques minutes. Si vos trois enfants vous tiraillent, asseyez-vous dans la salle de bains, fermez les yeux et ne pensez à rien aussi longtemps que leur surveillance le permet. L'occasion ne se présente pas par accident. Vous devez décider de faire une « sieste du cerveau » lorsque vous sentez qu'elle est nécessaire. Même si votre journée a été calme, faites votre « sieste du cerveau » et faites des réserves pour les jours difficiles à venir.

Le trajet à pied vers mon bureau est mon moment de « sieste du cerveau ». Une marche vivifiante de 20 minutes pendant laquelle je traverse Battersea Park, Chelsea Bridge, Pimlico Green, avant d'arriver à ma clinique de Belgravia. Cela fait partie de mon « repos actif » et cela me détend et me permet de démarrer la journée sur de solides bases.

MONTE CARL
VALENTINO
HELMUT N

Je suis dans ma bulle et je ne pense plus à rien. Quand mon esprit s'emballe et se laisse envahir par les priorités du jour, je reviens dans l'instant : l'odeur de la pluie dans Battersea Park, la fraîcheur de l'air sur mon visage, chacun des muscles de mon corps en action, le courant de la Tamise, le scintillement des lumières du pont Albert Bridge dans la nuit qui me rappelle que je suis presque arrivée chez moi. Je ne cesse que de ramener mon esprit à l'instant présent. Je m'assure d'être confortablement habillée et d'avoir chaud et je n'écoute jamais de musique. Je m'isole du bruit du trafic et crée une bulle autour de moi dans laquelle rien ne peut me distraire. C'est tout ce que je fais et j'adore ça. C'est devenu ma méditation quotidienne.

Lorsque vous faites systématiquement la « sieste du cerveau », vous affrontez beaucoup mieux le stress. Vous prenez le contrôle de votre esprit et lui permettez de se reposer, sans rien faire, et de récupérer. Après cette quiétude et ce calme, le stress que vous retrouvez semble moins important. Cela fonctionne vraiment.

Détox anti-décombres

Identifiez ce qui vous ronge, écrivez-le et faites-y face.

Le nettoyage des décombres physiques (le fameux désencombrement de votre maison) et des décombres mentaux qui vous rongent va vous libérer. Or, je veux que vous soyez « mince, heureux et libre ».

Vous devez éliminer les réelles causes de stress, et la seule façon d'y parvenir est de les identifier et de les écrire. Faites un plan d'attaque et éliminez-les. Ne les ignorez pas. Ne différez pas une solution à un problème qui entame votre bonheur. Tout ce que vous enfouissez dans votre esprit s'y trouve toujours aujourd'hui. L'unique façon de cocher des contrariétés dans votre liste est de *directement* les affronter.

J'ai fait l'expérience que lorsque l'on ne tire pas de leçon, que l'on ne prend pas de décision et que l'on ne s'attaque pas à ce qui nous ronge, alors cela revient sans cesse et, chaque fois, la contrariété est un peu plus forte. Il faut y faire face, la traiter, prendre une décision et passer à autre chose.

Lâchez prise

Vous allez totalement lâcher prise.

Grâce à mes filles qui sont folles de *La Reine des neiges*, j'ai toujours en tête la fameuse chanson du film et ma fille CoCo ne loupe pas une occasion pour s'égosiller sur cette belle chanson chaque fois que je peste sans raison sur quelque chose. Quand vous avez fait face à tous les tracas qui vous pèsent, alors vous êtes vraiment « libéré, délivré ». Le lâcher-prise n'est qu'une prise de décision. Vous pouvez continuer de vous plaindre et laisser ce qui vous tracasse hanter votre esprit ou dire au tracas de s'en aller. Prenez une décision, appliquez-la maintenant et libérez-vous. En laissant une contrariété traîner dans votre esprit, vous l'autorisez à vous ronger de nouveau. Or, c'est cela qui vous stresse. Lâcher prise est une habitude. C'est l'habitude des gens heureux à qui tout réussit. Alors, pratiquez-la, jusqu'à ce que cela devienne inné.

> Mince, heureux et libre

Changez votre langage

Vous allez parler du changement que vous opérez de façon positive.

La façon dont vous pensez à vos contrariétés et dont vous en parlez leur donne de l'ascendant sur vous. Tenez sans cesse votre liste de morsures et de piqûres et traitez-la en permanence. Veillez au langage que vous utilisez avec vos amis et votre famille pour évoquer ce que vous vivez. Entrer avec eux dans une compétition du stress ou de la fatigue, cela va finir par vous déprimer et pas le contraire.

Loin de moi l'idée que vous soyez une personne modèle qui ne partage pas ce qu'elle vit avec les autres. Parlez de votre expérience de façon positive et évitez la « pensée nauséabonde » (voir page 31). Pendant une semaine, tentez de ne pas dire que vous êtes fatigué ou stressé et voyez l'impact que cela a sur votre humeur. Rappelez-vous de ne pas dire que vous êtes « au régime » (ni à vous-même ni aux autres), car ce n'est pas le cas. En disant : « J'opère quelques changements que j'aurais dû mettre en place il y a longtemps », l'impact est nettement plus grand et vous tenez les opinions indésirables à distance.

Concevez votre journée parfaite

Vous allez créer votre journée idéale

C'est vous qui contrôlez votre style de vie. Si vous ne l'aimez pas, changez-en. Ce changement ne s'opérera pas en une nuit, mais vous pouvez concevoir votre style de vie comme bon vous semble. N'hésitez pas à vous asseoir et à détailler par écrit votre style de vie idéal. Pensez ensuite aux étapes nécessaires pour y parvenir. Visualisez, écrivez et prévoyez un plan. Pensez à ce qui est important pour vous – demandez-vous par exemple comment vous passerez le temps ou quel sera votre travail – et imaginez, en quelque sorte, le « Vis ma vie » de votre alter ego.

C'est un exercice que je fais à chaque rentrée scolaire. Je conçois ma routine quotidienne et m'efforce de rendre chaque chose intéressante. Je m'assure de ponctuer ma journée avec des choses qui la rendront productive, heureuse et satisfaisante. C'est vous qui définissez l'histoire de votre vie et la santé de votre corps en prenant des décisions quotidiennes et en adoptant les bonnes habitudes. Vous êtes sur le siège du conducteur.

Entourez-vous de gens prévenants

Vous allez vous entourer de supporters.

La transformation et la construction d'un nouveau style de vie saine requièrent le soutien de ceux qui vous entourent. L'une des raisons pour laquelle la méthode Louise Parker enregistre de si bons résultats est que nos clients sont encadrés par un conseiller qui les motive et les encourage tout au long de leur parcours. Mais plus que de rendre des comptes à une tierce personne, je pense que le plus important est de rendre des comptes à *vous-même*. Ainsi, après chaque semaine que vous cochez, vous pouvez vous réjouir et persévérer.

Entourez-vous de gens positifs. Listez, dans votre entourage, les personnes qui vous tirent vers le haut et celles qui vous tirent vers le bas. Répartissez-les froidement en deux camps. Cela peut sembler brutal, mais vous devez savoir qui vous encourage de façon positive, inspirante et drôle. Identifiez ces personnes et voyez avec qui vous passez le plus de temps. Si vous êtes sans cesse avec des personnes critiques qui ne soutiennent pas vos rêves, vous risquez de ne pas voir votre potentiel. Entourez-vous de ce qui, pour vous, rime avec « succès » – que ce soit l'empathie, les bonnes valeurs, l'esprit d'entreprise, la joie de vivre ou la loyauté.

Sachez qu'il y aura des gens dans votre vie qui ne souhaitent pas vous voir réussir. Ils envient votre enthousiasme, votre entrain, votre détermination et même vos résultats. Ces personnes ne veulent pas que vous changiez… mais ma méthode *va* vous changer. Alors, restez sur vos gardes et identifiez qui essaie de saboter vos efforts avec des commentaires tels que : « Oh ! Ne sois pas rabat-joie, tu peux bien te lâcher quelques jours ! » ou « Ne perds pas trop de poids, cela n'est pas judicieux à notre âge». Créez un rempart à ces opinions et faites en sorte qu'elles vous passent au-dessus de la tête. La plupart du temps, c'est leur problème, pas le vôtre. N'écoutez pas les opinions négatives et indésirables. Rappelez-vous que votre boulot consiste à rester dans le cercle intérieur, même lorsque quelqu'un essaie de vous tenter ou de vous en faire sortir.

Constituez une tribu positive

Vous allez créer un groupe de soutien.

Entourez-vous d'une tribu qui partage vos objectifs. Cela aura un effet incroyable sur vos résultats. Soyez brave, n'hésitez pas à être le premier à prendre votre téléphone pour voir s'ils sont avec vous.

Il devrait idéalement y avoir quatre personnes dans chaque groupe. Essayez d'être plus de trois, car cela vous assure une participation toujours enthousiaste et optimiste.

Demandez à vos amis, à vos collègues et à vos voisins de se joindre à vous. Fixez une date de démarrage pour tous et définissez comment chacun va s'entraider. Décidez de ce qui sera efficace pour vous : un appel sur Skype – si vous êtes éparpillés dans le monde –, ou une heure dans votre café préféré après l'école. Quel que soit ce que vous décidez, gravez le jour et l'heure dans la roche et n'en changez plus, sans exception. Reportez la date dans votre agenda et tenez-la. C'est la raison pour laquelle il est bon d'avoir jusqu'à huit personnes, car cela aide à respecter l'heure. Ne la changez pas pour une personne : à elle de revenir la semaine suivante. En changeant la date, vous perdez la valeur que vous aviez placée en elle, donc respectez-la.

Une fois la phase de transformation effectuée, continuez le soutien, car certains de vos amis seront peut-être encore dans la première phase du programme. Motiver les autres vous stimule pour consolider les habitudes de votre « nouvelle normalité ». Donner à votre tour vous rendra plus fort.

Trouvez un soutien bon, bienveillant et dévoué

3

★ Mangez 3 repas et 2 collations par jour. Vous avez le choix entre 80 recettes, toutes très simples et rapides à préparer.

★ Commencez en « citronnant » votre journée et continuez de vous hydrater toute la journée.

MANGEZ "EN BEAUTÉ"

Ma méthode nutritionnelle repose sur cinq principes que vous devez intégrer avant de commencer. Comprendre le concept de ce programme alimentaire (ne l'appelez jamais « régime ») vous permettra de vous investir entièrement dans cette nouvelle façon de vous alimenter. Les principes de base (voir page 54) sont très simples à mettre en pratique. Une fois que vous aurez compris leur but, vous saurez que votre nouvelle alimentation est totalement sensée et qu'il n'y aura plus de retour en arrière.

Deux choses m'intéressent dans le programme : vous permettre de brûler un maximum de gras de manière tellement durable que ce style d'alimentation deviendra pour vous une habitude. Rappelez-vous que la motivation est temporaire, tandis que les habitudes durent toute la vie.

Et pour obtenir toujours les meilleurs résultats, je détaille dans ce chapitre les principes dont l'action conjuguée permet d'obtenir la meilleure perte de poids. Il est important de les intégrer tous pour qu'ils deviennent innés quand vous préparerez vos repas chaque jour.

Les principes du programme sont précis, mais permettent de préparer une incroyable variété de repas avec des possibilités infinies. Une fois que vous aurez assimilé l'approche, vous vous lancerez et créerez vos propres associations, en vous reposant moins sur mes recettes. Je peux réellement prendre n'importe quelle recette et l'adapter pour qu'elle soit compatible avec ma méthode et, bientôt, vous saurez vous aussi le faire.

Pour rappel : ceci n'est pas un régime, mais une façon de manger qui deviendra la base de votre alimentation pour toujours. Je souhaite que vous l'adoptiez et que vous mettiez de l'amour et de la volonté dans chacun de vos repas et collations. Si vous l'approchez comme un « régime » en mangeant du poulet froid et de la laitue iceberg au déjeuner, vous sabotez alors vos chances de succès. Ce que vous mangez n'a alors aucun goût et vous êtes voué à l'échec. Aucun repas ou aucun en-cas ne doivent être déprimants et, si tel est le cas, c'est signe que vous n'abordez pas le programme correctement.

La plupart des gens ont un répertoire d'environ 20 recettes qui constitue généralement la base de leur alimentation – que ce soit à la maison ou au restaurant. Si mon mari cuisine pour le dîner, je sais qu'il puise dans cette vingtaine de possibilités, tout comme je suis à peu près sûre de ce qu'il va commander au restaurant. Ce n'est pas un homme compliqué – et je pense que nous fonctionnons tous ainsi.

Essayez de considérer ce programme comme une simple refonte de votre liste de recettes de base. Vous allez trouver de nouveaux plats favoris et améliorer ce que vous cuisiniez depuis des années. Se perdre dans la routine des habitudes et manger systématiquement les mêmes plats la semaine est aisé. Or, ces recettes aussi belles que délicieuses vont devenir vos nouvelles habitudes et vous n'aurez de cesse que d'essayer de nouveaux plats selon la saison, quand votre corps réclame de la nourriture qui tient au corps en hiver ou des repas légers en été.

Une fois votre but atteint, vous réintroduirez lentement les aliments de fête qui vous sembleront en « valoir la peine » et pourrez ainsi vous rendre dans votre restaurant préféré et commander ce qui vous plaira ou aller dîner chez vos amis et partager avec joie un repas, quel que soit le menu, puisqu'aucun aliment n'est « mauvais » ou « péché » – en particulier lorsque vous mangez de façon équilibrée en respectant des principes sains et nutritifs.

Avec ma méthode, pas besoin de plan « d'entretien », puisque vous aurez acquis l'habitude heureuse de consommer la plupart du temps des repas légers et savoureux. Vous mangerez de la sorte environ 80 % du temps et vous vous autoriserez à boire et à manger ce que vous voulez environ 20 % du temps. Tout ce qui vous aura terriblement manqué (la glace du dimanche ou les croissants du samedi matin) pourra être réintégré dans votre mode de vie équilibré. Veillez à ne pas confondre cela avec un régime ou des *cheat days*, car je ne souhaite pas vous voir trop manger 20 % du temps. D'ailleurs, n'appelez pas un gâteau « une récompense » – ce n'en est pas une. C'est juste un gâteau.

Votre appétit et vos goûts vont changer autant que votre silhouette et vous serez surpris de vos nouvelles envies parmi ces repas sains et équilibrés. La différence est énorme entre déguster un steak-frites en buvant quelques verres de bordeaux et dévorer un paquet entier de biscuits sucrés devant la télévision. Vous allez désormais manger tout le temps avec style, en pleine conscience et en célébrant chaque repas, qu'il s'agisse d'un repas léger ou d'un repas de fête (et plus jamais d'un repas « bonus »).

Pendant la phase de transformation, vous devrez suivre le programme alimentaire 100 % du temps. Ce n'est pas parce que j'enseigne la gym, mais parce que la voie directe est la voie la plus simple. Or, vous « récompenser » un jour en ruinant quatre jours d'efforts n'a vraiment rien d'une récompense. C'est du sabotage et cette habitude vous éloigne de la réussite – il faut donc rompre le cycle. Arrêter et recommencer est, en soi, une habitude ennuyeuse et cela signifie que les résultats durent infiniment plus longtemps.

Pour viser de grands résultats, il vous faut fournir de grands efforts. Accordez toute votre attention aux suggestions et vous réaliserez jour après jour qu'elles vous demandront de moins en moins d'efforts. La réflexion, la concentration et la planification sont juste des mesures temporaires jusqu'à ce que vous changiez naturellement d'habitude.

Évitez le surpoids organique

Actuellement, de nombreux livres publiés sur l'équilibre alimentaire prônent la consommation d'aliments complets : beaux, vertueux et merveilleux sur le plan nutritif. Cependant, il ne faut pas confondre cela avec la perte de poids. Il existe une grande différence entre manger sainement et manger léger.

Chez Louise Parker, nombre de nos clients ont suivi ces recettes « saines » et sont perdus face à une prise de poids significative. Restez sur vos gardes. Un yaourt à la noix de coco avec 240 g de granola, de sirop d'agave et de grué de cacao est délicieux et nourrissant, mais il contient aussi autant de sucre qu'un gâteau au chocolat et, dans de nombreux cas, plus encore. Savoir que vous êtes en surpoids parce que vous tutoyez le livreur de pizza est une chose et concocter des plats que vous pensez « sains », alors qu'ils regorgent de calories et de sucres cachés – ce que nous appelons « le surpoids organique » –, en est une autre. Nous sommes bombardés de photos d'aliments bio, entiers et de saison : je ne dis pas que c'est une mauvaise chose, mais cela peut induire les gens en erreur et les mener vers une alimentation dans laquelle ils pensent que les calories ne comptent pas. Ils sont ensuite découragés en voyant qu'ils ne perdent pas de poids.

Instagram est inondé de filles filiformes et de porridges à la noix de coco, aux pruneaux caramélisés et au sirop d'agave. Délicieux, oui ; bio, oui ; entiers, oui ; nutritifs, oui. Mais en termes de calories, cela équivaut au *sticky toffee pudding* de ma mère et mieux vaut ne pas en manger tous les jours au petit-déjeuner si vous voulez ressembler à la fille sur la photo. Ce que vous ne voyez pas est probablement qu'elle ne le mange pas ou qu'elle travaille comme coach personnel huit heures par jour.

Les régimes paléo et cétogène sont d'autres tendances qui, selon moi, ne peuvent être suivies sur le long terme et qui ne sont pas saines pour l'esprit ou le corps. Moi qui milite pour la consommation de protéines à chaque repas, je porte mon intérêt sur l'équilibre. Un principe de base de mon programme alimentaire auquel nous veillons est la taille des portions et l'équilibre général du plat. Un fan de paléo adepte du crossfit peut sans doute manger des boules de noix au cacao pur entre chaque repas, mais une personne sédentaire et peu sportive ne peut brûler l'excédent d'énergie – même si les ingrédients sont purs. Une barre de noix de cajou entières au cacao et au miel est peut-être nutritive, mais sans les besoins énergétiques d'un athlète, elle est assimilée par le corps comme un gros KitKat®, et au moment où les sucres et les matières grasses pénètrent votre système sanguin, vous accumulez du gras.

L'astuce est de manger des aliments entiers, vrais, de saison, nourrissants. Les aliments entiers sont sains, mais leur teneur en sucre et en calories doit être équilibrée pour stabiliser votre taux de glycémie et créer un léger déficit calorique tout en vous apportant des nutriments et en créant une perte de poids importante et durable. Ne perdez pas votre sens commun. Manger 3 œufs entre les réunions n'est ni durable, ni sage, ni normal.

Comment manger et célébrer en beauté

La préparation de vos repas est presque aussi importante que les repas eux-mêmes. Nous vous encourageons à pratiquer le fait de « manger en célébrant » grâce à quelques astuces pour apprendre à manger avec style.

Imaginez que vous êtes filmé. Auriez-vous honte que l'on vous voie manger de la sorte ? Si oui, ne le prenez pas pour vous, car ce que vous pensez de vous est beaucoup plus important que ce que les autres pensent de vous. Appliquez la méthode « Instagram » et soyez fier de l'effort et du soin que vous mettez dans tout ce que vous préparez. Cela vous imprégnera d'une incroyable positivité et boostera votre motivation globale.

★ **Achetez les plus beaux ingrédients** que vous trouvez et disposez la nourriture de la façon la plus belle possible.

★ **Mangez à table après l'avoir dressée**, même si vous mangez seul. Une fois que vous en aurez pris l'habitude, cela vous prendra moins d'une minute et vous apprécierez encore plus chacun de vos repas. Petit à petit, investissez dans de beaux services, couverts, nappes et sets de table. Sans dépenser une fortune, cela vous rendra heureux.

★ **Engagez-vous à passer certains repas** de la semaine avec toute votre famille ou des amis chers et créez un moment pour pouvoir vous relaxer, profiter de la conversation et faire un effort particulier avec le repas. Il vous suffit pour cela de gérer les priorités.

★ **Ne mangez jamais debout. Jamais.** Vous perdrez une taille rien qu'en adoptant cette habitude. Soyez conscient de ce que votre corps souhaite vraiment manger, préparez-le et asseyez-vous à chaque fois.

★ **Mangez toujours avec les écrans éteints.** En évitant de manger devant un écran ou en lisant vos e-mails, votre cerveau enregistrera l'information que vous mangez un magnifique repas en pleine conscience. Votre e-mail, votre travail et votre vie pourront toujours attendre 20 minutes. De temps à autre, savourez un plateau télé au dîner, mais préparé et arrangé avec style.

★ **Pensez et préparez à l'avance vos collations « sur le pouce »** comme vous le feriez pour votre meilleur ami. Avec dans votre sac un petit pot de noix de pécan salées avec un sachet hermétique de cerises fraîches, vos collations seront beaucoup plus belles qu'avec un en-cas de dernière minute acheté à la station essence et mangé dans la voiture. Vous devez vous conditionner et faire de la préparation de votre collation un plaisir – cela ne va pas se produire accidentellement.

PRINCIPES DE BASE

1 AIMEZ LE GOÛT

Vous allez cuisiner des plats savoureux, en utilisant des ingrédients qui regorgent de fraîcheur, et découvrir des associations de goût simples et délicieuses.

2 LES CALORIES COMPTENT

Créer un déficit calorique raisonnable, tout en mangeant de façon très nourrissante, permet de brûler les stocks de graisse, sans entamer la précieuse masse musculaire. Vous consommez suffisamment de calories pour maintenir vos niveaux d'énergie et vos efforts physiques.

3 MANGEZ 3 REPAS ET 2 COLLATIONS PAR JOUR

Le fait d'équilibrer et de répartir vos repas tout au long de la journée permet de stabiliser le taux de glycémie, l'appétit, l'humeur et les hormones, de favoriser un brûlage des graisses optimum et de vous en tenir à ma méthode sur le long terme.

4 ÉQUILIBREZ VOS GROUPES D'ALIMENTS

Associer un peu de chaque macronutriment (protéines, matières grasses, glucides) à chaque repas permet de maintenir l'équilibre du taux de glycémie dans le sang et des hormones. Cela aide à réguler votre humeur et votre appétit, afin que vous vous sentiez bien.

5 BUVEZ, BUVEZ, BUVEZ

L'hydratation aide à la combustion des graisses. Boire plus deviendra une habitude et vous commencerez chaque matin par mon eau au citron pour vous réhydrater et booster vos fonctions rénales.

1 AIMEZ LE GOÛT

Vous allez cuisiner des plats savoureux avec des aliments frais et découvrir des associations de goûts simples et délicieuses. Vous cuisinerez avec des épices, des herbes et des condiments et veillerez à ce que chaque repas et chaque collation explosent de saveurs – sans pour autant devoir réaliser votre bouillon de volaille, ni chercher des ingrédients bizarres et imprononçables, ni encore passer vos dimanches à préparer les repas de la semaine, quand tout ce à quoi vous aspirez est une alimentation saine et rapide.

J'avais envisagé de partager avec vous ma recette du granola, mais pour être honnête, je ne l'ai faite qu'une douzaine de fois et je trouve maintenant une très bonne version au supermarché. Il faut ici penser sur le long terme – et se poser sans cesse la question : « Ferai-je toujours cela dans 5 ans ¿ » Cinq années et trois enfants plus tard, j'achète le bouillon en cubes et ne passe plus des heures à le préparer. Choisissez vos combats.

Manger en beauté n'a plus rien à voir avec les recettes tristes de salades au poulet des années 80. Les recettes, très simples et belles, sont tout sauf compliquées et vous satisferont. Vous mangez un délicieux repas qui n'a rien d'une punition. Ma méthode repose sur une science merveilleusement simple avec laquelle vous mincirez une fois pour toutes.

2 LES CALORIES COMPTENT

Les aliments que vous mangez et leur quantité déterminent le fait de stocker du gras, de maintenir votre masse graisseuse existante ou de brûler ces réserves. Si vous mangez plus de calories que votre métabolisme de base (MB) et que votre niveau d'activité, alors vos cellules reçoivent plus de glucose qu'elles en ont besoin. Si votre corps ne les utilise pas, il les stocke en graisse. Clair et simple. Au moment où ce gras gênant se pose sur votre corps, peu importe qu'il vienne d'un porridge à la noix de coco bio ou d'un *sticky toffee pudding*. Or, en évitant de parler de calories et en évoquant seulement le fait de manger des aliments entiers et naturels, on ne traite qu'une seule partie de l'histoire. Si vous souhaitez mincir et rester mince, les calories comptent.

La quantité de calories dont votre corps a besoin est déterminée par le MB et c'est lié à la quantité de muscles dans votre corps. Donc, plus vous êtes musclé, plus vos besoins en calories sont importants et plus vous pouvez manger. C'est là raison pour laquelle je pense que personne n'a de « mauvais métabolisme ». Vous pouvez avoir une masse musculaire plus faible, résultat d'années de régimes-chocs vous en faisant perdre un peu à chaque diète, mais cela peut être corrigé très vite. Par conséquent, si vous sentez que votre métabolisme n'est pas au top, lancez-vous. Nous allons le protéger alors que vous mincirez, puis l'augmenter dès que vous serez plus robuste et déterminé.

Les calories ne sont cependant pas toutes égales et leur origine peut vraiment affecter vos résultats. Je fais donc très attention à l'origine des calories et à leur proportion dans votre consommation quotidienne. Un excès de calories venant de protéines aura un impact moindre sur la prise de poids qu'un excès en calories de glucides. Si en fin de journée, vous avez trop mangé, vous allez accumuler de la graisse.

Tout comme vous pouvez être « en surpoids organique » avec une alimentation à base d'aliments entiers, bio et naturels (très fréquent chez nos nouveaux clients, voir page 52), vous pouvez réduire le brûlage des graisses si vous ne veillez pas aux portions indiquées pour vos repas dans mon programme. Ce dernier fonctionnera – mais les résultats seront moins impressionnants.

Toutefois, compter des calories et des points est vraiment fastidieux, c'est pourquoi ma méthode a été mise au point pour vous éviter de le faire. Pour ma part, je n'ai pas compté une calorie depuis 1997 – je préfère avoir pris l'habitude de mesurer à l'œil de parfaites portions à manger. Vous serez bientôt en mesure de le faire.

Tous les calculs ont été faits pour vous. À chaque repas, vous n'avez plus qu'à garder un œil sur chaque portion de protéines, de matières grasses et de glucides. Les premières semaines, faites attention aux mesures données et, très vite, vous saurez mesurer visuellement et votre corps s'habituera à des quantités moindres. Comptez une quinzaine de jours d'efforts et de réflexion avant que cela ne devienne instinctif.

Ma méthode prévoit la meilleure nutrition pour répondre à votre besoin en calories. Vous allez manger un peu plus que votre MB ne l'exige, mais avec moins de calories nécessaires pour vos activités, déplacements et efforts physiques. Et tout en débordant d'énergie, vous n'aurez pas suffisamment de calories pour ces activités, donc vos stocks de graisse vont fondre chaque jour de votre phase de transformation, jusqu'à ce que vous atteigniez votre objectif. Gardez cette vision à l'esprit chaque fois que vous serez tenté de fermer le robinet brûleur de graisse.

3 MANGEZ 3 REPAS ET 2 COLLATIONS PAR JOUR

Il est essentiel d'étaler de façon homogène, tout au long de la journée, la consommation de calories, de protéines et de glucides, afin de stabiliser votre taux de glycémie et vos hormones, de préserver votre masse musculaire et d'optimiser le brûlage des graisses. En équilibrant la glycémie dans le sang, vous favorisez sainement votre système hormonal qui reflète la façon dont vous vous sentez et l'efficacité de votre perte de poids. Un système hormonal stable associé à une « libération lente » et régulière d'énergie dans votre système sanguin assure un contrôle optimal de l'appétit. Ainsi, sans excès de sucre dans votre système, votre corps finit par se libérer efficacement de l'excès de gras.

Donc, si les calories comptent, il ne suffit pas de s'en tenir à un nombre de calories par jour. Quelqu'un qui mange la même quantité de calories dans un groupe de régime perdra moins de gras corporel que quelqu'un consommant le même nombre de calories en suivant ma méthode. Il est aussi fort probable que cette personne ait très faim et ne puisse tenir le rythme très longtemps. Le « régime » échoue, les clients se blâment et recommencent, et le marché explose.

La méthode Louise Parker se focalise sur les composantes de vos repas dans une proportion spécifique, afin de s'assurer que vous perdez scientifiquement autant de masse adipeuse que possible et que vous pouvez facilement vous y tenir. Deux raisons à cela : être sûr que le robinet du brûlage de graisse continue de goutter régulièrement et surtout que vous êtes à l'aise, que vous vous sentez bien, que vous n'avez pas faim et que vous ne sortez pas du cercle.

Vous pourrez avoir des « fringales » pendant les premiers jours où vous vous habituerez à ne plus manger trop, mais vous serez surpris de l'adaptation facile de votre appétit à ma méthode. Contrôler l'appétit fait partie intégrante des pertes de poids sur le court terme comme sur le long terme. Comme vous changez définitivement votre façon de manger, vous posez les bases d'un succès au long terme.

L'une des principales causes de la prise de poids est la faim émotionnelle et le réconfort trouvé en mangeant. Or, je sais que cela se soigne en prenant simplement les bons aliments au bon moment. La nourriture peut être une vraie drogue et peut manipuler de façon positive votre appétit. Il suffit de contrôler vos fringales au lieu de les laisser vous contrôler. Cela n'a rien à voir avec la volonté, alors oubliez cette « pensée toxique ».

Pour réussir, nous veillons à ce que vous mangiez à un intervalle de quelques heures, avec 3 bons repas et 2 collations par jour. Vous allez manger un petit-déjeuner, un en-cas en milieu de matinée, un déjeuner, un goûter correct dans l'après-midi et un dîner léger le soir, que vous soyez chez vous ou en vadrouille. Désormais, vous ne sauterez plus aucun repas.

Cet équilibre de mini-repas étalés sur la journée assure une excellente énergie et combat la fatigue : idéal pour une vie active. De façon très simple : mieux vous vous sentez, mieux vous adoptez les bonnes habitudes de ma méthode.

4 ÉQUILIBREZ VOS GROUPES D'ALIMENTS

Tous les groupes d'aliments sont inclus dans les repas et les collations du programme Louise Parker. Il est important de n'éliminer aucun groupe et d'en faire son ennemi. Pour rester en bonne santé, mieux vaut opter pour une approche équilibrée plébiscitée par votre corps et par votre immunité. Votre corps doit être régulièrement alimenté et recevoir tous les nutriments fondamentaux dont il a besoin.

Tous les macronutriments travaillent de concert pour équilibrer la glycémie, réguler les hormones, brûler régulièrement les graisses, fournir une bonne énergie et conserver votre précieuse masse musculaire. Voici ce que chacun de vos repas ou collation devra contenir :

Des glucides à IG bas

Les glucides sont indispensables à votre alimentation, en particulier lorsque vous êtes actif. Toutefois, pour puiser dans vos réserves de gras, il ne faut consommer que des glucides à faible IG (indice glycémique), car ils sont assimilés lentement par le corps. Ce dernier les équilibre avec du gras, des protéines et des fibres. Il consomme intelligemment la bonne quantité, au bon moment de la journée. Ce macronutriment est celui qui aura l'effet le plus grand sur vos résultats. Vous allez remplacer les glucides à IG élevé qui sont absorbés très vite (sucre, pommes de terre, riz, pâtes, jus de fruits, fruits secs, pour n'en citer que quelques-uns) par des aliments à faible IG très nutritifs (tels que le pain complet, le son d'avoine et une grande variété de fruits et légumes délicieux). La méthode Louise Parker est une approche intelligente et équilibrée d'une alimentation plus basse en glucides, qu'il ne faut pas confondre avec un régime faible en glucides.

Des protéines

Une alimentation équilibrée, sur le plan nutritif, requiert l'absorption des protéines adéquates, en particulier lorsque vous faites de l'effort physique. Pour schématiser, les protéines sont les éléments constitutifs de votre corps. Ce dernier a besoin d'elles pour se régénérer et pour se maintenir. Chaque cellule et fluide de votre corps (à l'exception de la bile et de l'urine) contient de la protéine, à l'instar de vos muscles, de votre peau, de vos glandes et de vos organes vitaux. Ces cellules doivent constamment se régénérer et s'entretenir et ce sont les protéines qui œuvrent dans ce sens.

Quand vous digérez un aliment protéiné, les acides aminés essentiels sont absorbés et vous devez manger une quantité adéquate de protéines pour garder une santé optimale, pour perdre du poids et, surtout, pour préserver vos muscles. Ces acides aminés essentiels doivent être consommés tout au long de la journée plutôt qu'en une seule prise. C'est pourquoi vous aurez un peu de protéines à chaque repas et collation. L'apport en acides aminés sera constant, grâce à des aliments très nutritifs (viandes, poissons, produits laitiers et œufs), mais aussi grâce à des sources végétales (légumineuses, haricots secs et fèves, fruits à coque, purées de fruits à coque et soja, pour n'en citer que quelques-unes).

Autre avantage d'un apport suffisant en protéines : ce sont les macronutriments qui réclament le plus d'énergie pour être digérés. En effet, 20 à 30 % des calories d'une protéine sont nécessaires pour briser la chaîne complexe des acides aminés. Donc, sur 100 calories de poulet consommées, votre corps ne peut en fait utiliser que 70 à 80 % d'entre elles. Comparée à l'ADS (action dynamique spécifique) de 5 à 10 % de glucides et de 0 à 3 % de matières grasses, cette économie est fantastique.

Les protéines, en particulier lorsqu'elles sont associées à des matières grasses, ont un effet rassasiant et même coupe-faim, ce qui est très utile quand vous souhaitez moins manger.

Des matières grasses essentielles

Le gras stocké dans votre corps ne peut pas être totalement brûlé efficacement sans l'aide de « nouveau gras » sous forme de lipides. Les matières grasses ingérées aident à brûler le gras corporel, en activant des voies brûle-graisse dans le foie. Considérez un repas de ma méthode comme un nettoyage. Vous essayez d'aspirer le vieux gras, mais vous avez besoin d'un peu d'huile de coude pour faire le boulot, sans quoi le gras ne sera pas pompé.

Ajouter de l'huile dans votre salade permet non seulement d'accéder aux réserves de gras de votre corps, mais également d'accroître l'absorption de toutes les vitamines et de tous minéraux de votre repas. De nombreuses vitamines (telles que celles des groupes A, D, E et K) sont liposolubles. Par conséquent, faute de gras, votre corps ne peut les absorber. Ces vitamines jouent un rôle essentiel dans le maintien à des niveaux élevés de l'énergie, de la concentration et surtout de la santé musculaire, toutes nécessaires pour un métabolisme sain. Les acides gras oméga-3 augmentent la concentration en protéines et la taille des cellules musculaires dans le corps. Cela aide à stimuler la fabrication de muscles qui est fondamentale pour obtenir et entretenir un corps mince et ferme. Les aliments gras sont donc de merveilleux exhausteurs de goût qui vous renforcent et stimulent votre métabolisme.

Nous allons privilégier les sources de gras insaturé, riches en nutriments, car elles chassent le « mauvais cholestérol » dans les artères et assurent la santé de votre cœur. Utiliser des produits tels que l'avocat, l'huile d'olive, les graines, les fruits à coque et l'huile de poisson permet d'ajouter de la saveur à vos repas. Ce sont surtout des aliments un peu plus difficiles à digérer, qui restent plus longtemps dans le système digestif, et cela a un effet rassasiant et anti-fringale. Nous ne vous interdirons pas non plus un peu de beurre.

Les portions comptent vraiment, car le gras est hautement calorique. Mais ma méthode prévoit d'ajouter la quantité nécessaire de gras à chaque repas pour sublimer chaque repas et bénéficier de son action essentielle dans le corps.

Des fibres

Si les fibres n'ont aucune propriété magique pour brûler les graisses, elles sont essentielles à la santé intestinale et vous permettent de vous sentir rassasié plus longtemps, car elles remplissent votre ventre et disent à votre cerveau de cesser de manger. Les fibres ne contiennent aucune énergie et n'ajoutent donc aucune calorie quand vous les consommez. Elles passent dans le corps et aident à stabiliser la glycémie. Leur rôle est donc crucial pour votre perte de poids.

Les aliments riches en fibres ont moins d'impact sur le taux de glycémie que ceux qui en contiennent peu. Par exemple, une orange ne fait pas flamber le taux d'insuline (l'hormone du stockage des graisses) de la même façon qu'un verre de jus de fruits privés de leurs fibres, raison pour laquelle je ne suis pas fan des jus. Vous puiserez alors vos fibres dans divers aliments délicieux tels que : les fraises et les framboises fraîches, les fruits rouges surgelés – mes préférés – ou les fruits et légumes frais (ou surgelés). Les fibres favorisent également votre équilibre en aidant l'expulsion des déchets du corps aux toilettes – essentielle au début d'une nouvelle alimentation plus riche en protéines qui peut être à l'origine d'une constipation temporaire.

Éléments de base

Chaque repas requiert des quantités précises d'éléments de base, et pour être sûr que vous avez les bonnes proportions de chacun, il suffit de suivre les recettes indiquées. Pour prendre de bonnes habitudes, il faut cependant comprendre quels sont ces éléments de base. Vous pouvez ainsi modifier les recettes et répondre, chaque jour, à vos goûts, à votre mode de vie et varier les aliments présents dans votre réfrigérateur.

Quels aliments dois-je éviter ?

Mon programme alimentaire est tellement varié que les combinaisons sont infinies. Toutefois, tant que vous suivez votre programme, vous devez complètement supprimer certaines choses telles que : l'alcool, le sucre (et les produits qui en contiennent), les édulcorants naturels (miel, sirop d'agave), les jus de fruits, les glucides raffinés (pain blanc, riz, céréales, couscous, pâtes), les aliments hautement transformés, les produits diététiques et les smoothies du commerce. En règle générale, évitez tous les aliments dont le nom se termine en « ose », tels que le saccharose, le dextrose et le glucose. Vous trouverez du fructose dans les fruits et un peu de lactose dans le lait, pour équilibrer.

Ne soyez pas obsédé par les aliments interdits et focalisez-vous plutôt sur les délicieux mets que vous pouvez manger et sur les résultats que vous allez atteindre. Savourez chaque recette et n'ayez pas peur de faire vos propres essais, du moment que vous respectez les principes. Après 6 semaines, une fois que vos habitudes auront changé, je vous garantis que vous souhaiterez réintroduire beaucoup moins de choses qui vous manquaient tant. Je vous promets, au contraire, que vous aurez envie d'aliments entiers et frais.

5 BUVEZ, BUVEZ, BUVEZ

L'eau est cruciale pour la circulation des nutriments dans le corps et, si vous ne buvez pas suffisamment, le système d'élimination ne fonctionne pas aussi bien qu'il devrait. Il faut donc être constamment bien hydraté, à la fois pour atteindre votre but de transformation et pour permettre un fonctionnement optimal de votre corps. Malheureusement, l'eau n'évacue pas le gras de votre corps, et si vous êtes déshydraté, les efforts de votre métabolisme des graisses seront compromis.

Rien d'étonnant lorsque l'on sait que notre corps est constitué à 60 % d'eau et notre brillant cerveau à 75 %. Aussi, pour se sentir d'attaque, alerte et plein d'énergie, il faut donc boire beaucoup. Toutefois, ne buvez pas en quantité excessive, car cela n'est pas nécessairement bon pour vous. Les besoins quotidiens en eau sont personnels et découlent de plusieurs facteurs. Commencez par viser 2,5 litres d'eau par jour (augmentez cette quantité quand il fait chaud ou lorsque vous faites des efforts) et laissez-vous guider par votre soif. Si vous avez soif, c'est que vous êtes déjà déshydraté : il faut donc augmenter votre consommation en eau d'au moins ½ litre.

Les fibres solubles absorbent l'eau et forment une substance semblable à un gel dans votre intestin, ce qui ralentit l'absorption des sucres dans votre système sanguin. Or, comme vous le savez déjà, un taux de glycémie plus bas engendre un taux d'insuline plus bas et votre corps stocke alors moins de gras. Il est très commun de confondre la faim et la soif : par conséquent, dès que vous pensez avoir faim, buvez un grand verre d'eau et attendez 10 minutes.

La méthode la plus efficace pour s'hydrater est de boire de l'eau (minérale ou du robinet) de façon régulière, tout au long de la journée. Limitez les boissons caféinées à trois par jour, car elles peuvent avoir un effet déshydratant qui peut perturber la fonction de l'insuline. Je ne vous interdis pas votre thé ou votre café chéri, mais je vous demande juste de modérer le lait qui l'accompagne et de le consommer avec modération.

Vous allez devoir vous habituer à boire plus chaque jour – et je vous donnerai des trucs pour augmenter votre absorption de liquide. Une fois cette habitude prise, vous en voudrez toujours plus – un peu comme le sexe ou aller au cinéma.

Je bois sans doute encore trop de caféine, mais je prends ma dernière tasse au déjeuner et un dernier thé à 15 h. Passé cette heure, je ne bois que de l'eau et des tisanes.

BOISSONS AUTORISÉES ET INTERDITES

Voici ce que vous pouvez et ne pouvez pas boire pendant votre programme :

BOISSON ESSENTIELLE POUR COMMENCER LA JOURNÉE

Quoi ? 30 cl d'eau au citron : pressez le jus de ½ citron frais dans un verre. Ajoutez 15 cl d'eau froide et 15 cl d'eau bouillante et dégustez. Ajoutez de la stévia si vous souhaitez le sucrer.

Quand ? Au lever, avant de petit-déjeuner.

But ? Boire un grand verre d'eau chaude avec du citron frais aide l'hydratation après le jeûne de la nuit et cela stimule les fonctions rénales.

Note Buvez ceci avant de vous laver les dents, afin de protéger la santé de vos gencives.

CHOISISSEZ JUSQU'À 3 BOISSONS PAR JOUR

★ café filtre, avec un maximum de 5 cl de lait écrémé

★ un petit cappuccino « maigre », fait avec du lait écrémé (maximum 1 par jour)

★ expresso simple ★ thé English breakfast ★ thé vert

★ le thé thermogène de Louise – pour 1 litre de thé : faites infuser 1 bâton de cannelle, 1 sachet de thé à la menthe et 1 sachet de thé vert dans 1 litre d'eau bouillante, pendant toute une nuit. Servez glacé. Rappelez-vous que le thé contient de la caféine : il est donc conseillé de ne pas en boire après 15 h pour être sûr de bien dormir.

BOISSONS ILLIMITÉES À CONSOMMER TOUTE LA JOURNÉE

★ eau plate, de source ou filtrée

★ tisanes ★ infusions aux fruits

★ eau plate parfumée de concombre, de citron, de citron vert, de tranches d'orange ou de menthe

★ tisanes glacées

La quantité d'eau dont vous avez besoin dépend de votre exercice physique au cours de la journée, et en cas d'effort intense, il faudra sans doute ajouter jusqu'à 1 litre d'eau par jour. L'objectif global est un minimum de 2 litres par jour.

BOISSONS INTERDITES

★ toutes les boissons alcoolisées, y compris les boissons « allégées »

★ les sodas ou sodas allégés, tels que le Coca-Cola Light®

★ les jus de fruits (pressés ou du commerce)

★ les cafés latte ★ les jus de légumes ★ l'eau de coco

★ les sirops – y compris les sirops sans sucre ou « sans sucre ajouté »

★ les boissons chocolatées allégées

RECETTES DU PROGRAMME ALIMENTAIRE

★ Sauf indication contraire, toutes les recettes sont prévues pour 1 personne.

PETITS-DÉJEUNERS

Pancakes aux myrtilles, sauce chaude aux framboises

1 cuil. à soupe de son d'avoine

1 cuil. à soupe de farine de blé complète

1 cuil. à soupe de lait en poudre écrémé

2 cuil. à soupe de lait de soja

1 œuf bio

¼ de cuil. à café de pâte de vanille

¼ de cuil. à café de stévia

¼ de cuil. à café de levure chimique

40 g de myrtilles

1 cuil. à café de beurre

Sauce chaude aux framboises :

70 g de framboises, fraîches ou surgelées

1 pincée de stévia

Mélangez le son d'avoine, la farine et le lait en poudre, dans un blender puissant, puis ajoutez le lait de soja, l'œuf, la pâte de vanille, la stévia et la levure chimique. Mixez pendant 30 secondes et ajoutez ensuite les myrtilles.

Faites fondre le beurre dans une poêle à frire et réalisez les pancakes en versant des cuillerées à soupe de pâte dans la poêle. Retournez-les lorsque des bulles commencent à se former à la surface.

Pour préparer la sauce chaude, mettez les framboises à cuire doucement dans une casserole, avec la stévia, pendant 2 minutes. Versez la sauce sur les pancakes aux myrtilles et régalez-vous.

Porridge de son d'avoine à la vanille

2 cuil. à soupe de son d'avoine

37,5 cl de lait demi-écrémé

1 cuil. à café de pâte de vanille

1 pincée de sel

Garnitures :

1 cuil. à café de purée de noix de cajou et 1 poignée de fraises

1 cuil. à café de purée d'amandes et 1 poignée de framboises

Cannelle en poudre et tranches de pommes

1 cuil. à café de concentré de cerise et noix de pécan salées

Dans une casserole, mélangez le son d'avoine, le lait, la pâte de vanille et le sel. Portez à ébullition et faites mijoter 2 minutes, jusqu'à obtention d'un mélange crémeux.

Servez le porridge avec la garniture de votre choix.

Mon porridge de son d'avoine contient moins de glucides qu'un porridge normal ou diététique. Il vous faut moins de son d'avoine que de flocons d'avoine pour obtenir une version tout aussi bonne, crémeuse et riche en fibres. Pour baisser encore plus la teneur en glucides, utilisez du lait sans lactose ou du lait de soja et ajoutez une pincée de stévia pour plus de douceur.

Décorez ensuite avec de belles et savoureuses garnitures. Pensez au goût et aussi au plaisir des yeux !

Smoothie à la mangue et à la fraise

120 g de cubes de mangue fraîche ou surgelée

150 g de fraises, hachées

1 cuil. à soupe de son d'avoine

150 g de yaourt grec 0 %

25 cl d'eau

Dans un blender puissant, mixez la mangue avec les fraises, le son d'avoine, le yaourt et l'eau, pendant 1 minute, jusqu'à obtention d'un mélange lisse et homogène.

Salade de fraises à la menthe et yaourt au fruit de la Passion

300 g de fraises mûres, tranchées

Une poignée de feuilles de menthe, finement ciselée

Le jus de ½ citron vert

150 g de yaourt grec 0 %

Le jus de 2 fruits de la Passion

½ cuil. à café de pâte de vanille

¼ de cuil. à café de stévia (facultatif)

Mélangez les fraises et la menthe dans un bol, puis arrosez avec le jus de citron vert.

Mélangez le yaourt grec avec le jus de fruit de la passion, la pâte de vanille et la stévia, si vous en utilisez. Servez-le en accompagnement de la salade de fraises à la menthe.

Omelette bien-aimée

2 œufs bio

25 g de fromage de chèvre

25 g de saumon fumé

60 g d'épinards

1 cuil. à café de beurre

Oignons nouveaux, émincés, pour garnir

Piment rouge frais haché, selon votre goût (facultatif)

Sel de mer et poivre noir moulu

Battez les œufs et versez-les dans une poêle antiadhésive chauffée à feu vif. Laissez cuire pendant 1 minute, puis parsemez le fromage de chèvre et étalez le saumon fumé à la surface. Pliez l'omelette en deux et assaisonnez-la à votre convenance.

Faites sauter les épinards dans le beurre. Garnissez avec de l'oignon nouveau émincé et du piment, si vous aimez, puis servez-les à côté de l'omelette.

Œufs brouillés

1 cuil. à café de beurre

6 tomates cerises

½ piment rouge, épépiné et tranché

½ poivron jaune ou rouge, évidé, épépiné et tranché

2 gros œufs bio

Feuilles de persil plat ou de coriandre ciselées, pour garnir (facultatif)

1 tranche fine de pain complet, grillée

Sel de mer et poivre noir moulu

Faites fondre le beurre dans une poêle à feu moyen. Faites sauter les tomates avec le piment et le poivron dans le beurre.

Ajoutez les œufs, réduisez le feu et brouillez-les, en les remuant doucement. Assaisonnez à votre goût et garnissez avec le persil ou la coriandre, si vous en utilisez, puis servez avec le pain grillé.

Pêches au beurre et crème de ricotta à la vanille

1 pêche, dénoyautée et coupée en quatre

½ cuil. à café de beurre, ramolli

100 g de yaourt grec 0 %

50 g de ricotta allégée

½ cuil. à café de pâte de vanille

4 noix de pécan, grillées et hachées grossièrement

Badigeonnez les quartiers de pêche avec le beurre et faites-les cuire à feu moyen, sous un gril ou dans une poêle à frire, jusqu'à ce qu'elles soient dorées et parfumées.

Mélangez le yaourt, la ricotta et la pâte de vanille dans un bol. Recouvrez les pêches chaudes de ce mélange et saupoudrez-les avec les noix de pécan.

Bircher pomme, cannelle et noix

1 pomme, épluchée, râpée

150 g de yaourt grec 0 %

1 cuil. à café rase de cannelle en poudre

2 cuil. à soupe de son d'avoine

6 cerneaux de noix

Mélangez la pomme avec le yaourt, la cannelle et le son d'avoine. Laissez reposer toute une nuit dans le réfrigérateur.

Faites griller les noix à sec, dans une poêle à frire, pendant 1 à 2 minutes. Servez le bircher avec les noix grillées et chaudes sur le dessus.

Œufs Bénédicte light

6 tomates cerises grappe
1 cuil. à café d'huile d'olive
1 tranche épaisse de jambon premier choix
1 tranche de pain complet, grillée
1 œuf bio, poché ou mollet
Sel de mer et poivre noir moulu

Faites revenir les tomates à la poêle dans l'huile d'olive, à feu moyen-doux, pendant 6 minutes, jusqu'à ce qu'elles soient tendres.

Placez le jambon sur le pain grillé. Recouvrez avec l'œuf poché ou mollet. Assaisonnez à votre goût et servez avec les tomates sur le côté.

Bircher citron, myrtilles et amandes grillées

150 g de yaourt grec 0 %

2 cuil. à soupe de son d'avoine

4 cuil. à soupe de lait écrémé

¼ de cuil. à café de stévia

½ cuil. à café de pâte de vanille

6 amandes entières

80 g de myrtilles

½ cuil. à café de lamelles de zestes de citron

Mélangez, dans un bol, le yaourt avec le son d'avoine, le lait, la stévia et la pâte de vanille. Laissez reposer au réfrigérateur pendant toute une nuit.

Faites griller les amandes à sec, dans une poêle à frire, pendant 1 à 2 minutes.

Servez le bircher avec les amandes grillées, les myrtilles et les zestes de citron sur le dessus.

Œuf au plat équilibré

2 tranches épaisses de lard maigre
½ cuil. à café de beurre
1 gros œuf bio
10 tomates cerises grappe
½ cuil. à café d'huile d'olive
Sel de mer et poivre noir moulu
1 tranche de pain complet, grillée

Mettez le lard à cuire sous le gril du four. Faites fondre le beurre dans une poêle à frire, puis faites cuire l'œuf au plat. Faites ensuite sauter les tomates dans l'huile d'olive à feu moyen, pendant 2 minutes, jusqu'à ce qu'elles soient tendres. Assaisonnez à votre goût et servez accompagné du pain grillé.

Œufs à la coque, mouillettes et asperges enveloppées de jambon cru

2 gros œufs bio
2 tranches de jambon cru maigre
6 pointes d'asperges, légèrement cuites à la vapeur
1 tranche fine de pain complet, grillé

Faites cuire les œufs à la coque.

Pendant ce temps, entourez le jambon cru autour des pointes d'asperges.

Coupez le pain en mouillettes. Servez les œufs avec les mouillettes et les asperges enveloppées de jambon cru.

Bircher bijou grenade-pistache

150 g de yaourt grec 0 %

2 cuil. à soupe de son d'avoine

4 cuil. à soupe de lait écrémé

¼ de cuil. à café de stévia, ou selon votre goût

1 cuil. à café de pâte de vanille

1 cuil. à soupe de pistaches, hachées

2 cuil. à soupe de graines de grenade

Mélangez le yaourt, le son d'avoine, le lait, la stévia et la pâte de vanille dans un bol. Laissez reposer toute la nuit au réfrigérateur.

Servez recouvert de pistaches et de graines de grenade.

Nectarine grillée et bircher à la vanille

150 g de yaourt grec 0 %

¼ de cuil. à café de stévia

1 cuil. à café de pâte de vanille

4 cuil. à soupe de lait écrémé

2 cuil. à soupe de son d'avoine

1 nectarine mûre, dénoyautée

5 noix de macadamia, grillées

1 brin de menthe, pour garnir

Mélangez le yaourt avec la stévia, la pâte de vanille, le lait et le son d'avoine dans un bol. Laissez reposer toute la nuit au réfrigérateur.

Coupez la nectarine en deux ou en tranches et faites-la griller – ou saisir –, jusqu'à ce qu'elle soit caramélisée.

Servez le bircher à la vanille recouvert avec la nectarine chaude et parsemé de noix de macadamia grillées. Ornez avec un brin de menthe.

Le bircher au son d'avoine et à la fraise de Milly

- 150 g de yaourt grec 0 %
- 130 g de fraises mûres, tranchées
- 2 cuil. à soupe de son d'avoine
- 1 pincée de stévia, ou selon votre goût
- 1 cuil. à café de pâte de vanille
- 1 trait de lait écrémé
- 1 figue coupée en six
- 1 cuil. à soupe de noisettes, grillées

Mélangez le yaourt avec les fraises tranchées, le son d'avoine, la stévia et la pâte de vanille. Laissez reposer tout la nuit au réfrigérateur.

Pour servir, délayez le bircher avec le lait et recouvrez-le de morceaux de figues et de noisettes chaudes, pour ajouter du croquant.

Yaourt, compote de fruits rouges et amandes

80 g de myrtilles fraîches et 80 g de framboises fraîches (ou 160 g de fruits rouges surgelés)

½ cuil. à café de stévia

150 g de yaourt grec 0 %

Quelques amandes effilées, grillées

Mettez les fruits rouges dans une casserole, ajoutez la stévia et laissez mijoter à feu doux pendant 4 minutes. Laissez refroidir pendant 10 minutes (ou préparez à l'avance et réservez au réfrigérateur).

Servez la compote avec le yaourt grec, le tout parsemé d'amandes effilées grillées.

Smoothie vitalité

150 g de yaourt grec 0 %

160 g de fruits rouges surgelés

80 g de myrtilles fraîches

1 cuil. à soupe de son d'avoine

½ cuil. à café de stévia

Jusqu'à 30 cl d'eau

Mixez le yaourt avec les fruits surgelés, les myrtilles, le son d'avoine, la stévia et un peu d'eau, dans un blender puissant, pendant 1 minute ou jusqu'à obtention d'un mélange lisse et homogène. Ajoutez autant d'eau restante que nécessaire pour obtenir la consistance souhaitée.

Super bircher à la cerise

150 g de yaourt grec 0 %

2 cuil. à soupe de son d'avoine

½ cuil. à café de pâte de vanille

12,5 cl de lait écrémé

3 cl de jus de cerise concentré

½ cuil. à café de stévia

1 cuil. à café de concentré de cerise

160 g de cerises fraîches, de framboises ou de myrtilles

Mélangez le yaourt avec le son d'avoine, la pâte de vanille, le lait, le jus de cerise et la stévia. Laissez reposer toute la nuit au réfrigérateur.

Servez le bircher arrosé de concentré de cerise et parsemé de cerises, de framboises ou de myrtilles.

Smoothie bonne journée

1 dose de protéine en poudre au chocolat sans sucre

1 expresso froid (vous pouvez aussi congeler les expressos à l'avance)

½ cuil. à café de cacao cru en poudre

½ banane (vous pouvez peler une banane, la couper en deux et en congeler la moitié à l'avance)

Jusqu'à 30 cl de lait demi-écrémé

Mixez la protéine en poudre avec l'expresso, le cacao cru en poudre, la banane et un peu de lait dans un blender puissant, pendant 30 secondes, jusqu'à obtention d'un mélange lisse et homogène. Ajoutez autant de lait restant que nécessaire pour obtenir la consistance souhaitée.

Sundae pour tous les jours

150 g de yaourt grec 0 %

7,5 cl de lait écrémé

½ cuil. à café de pâte de vanille

¼ de cuil. à café de stévia, ou selon votre goût (facultatif)

1 poignée de myrtilles

1 poignée de framboises

Le jus de 2 fruits de la Passion

1 cuil. à café de graines de tournesol ou de courge, grillées si vous le souhaitez

Délayez le yaourt avec le lait et incorporez la pâte de vanille. Ajoutez la quantité de stévia que vous voulez, si vous en utilisez.

Dressez la préparation dans des verres de service en alternant des couches de yaourt, des myrtilles et des framboises.

Servez arrosé de jus de fruit de la Passion et parsemé de graines de tournesol ou de courge.

COLLATIONS

Yaourt à la vanille, cannelle et orange

- 100 g de yaourt grec 0 %
- ½ cuil. à café de stévia
- 1 cuil. à café de pâte de vanille
- 1 orange (ou ½ orange ordinaire et ½ orange sanguine)
- 1 pincée de cannelle en poudre

Mélangez le yaourt avec la stévia et la pâte de vanille dans un bol.

Pelez l'orange à vif, en retirant autant de peau blanche que possible, puis tranchez-la.

Saupoudrez le yaourt à la vanille avec la cannelle et servez-le avec les tranches d'orange.

Donuts de pomme et purée d'amandes

1 pomme, évidée et tranchée dans le sens de la largeur

1 cuil. à soupe bombée de purée d'amandes sans sucre

1 cuil. à café d'amandes effilées, grillées

Tartinez 3 tranches de pomme avec la purée d'amandes, puis parsemez d'amandes effilées.

Tartine croquante fraise-cajou

1 tartine croquante suédoise (Wasa®)

1 cuil. à soupe de purée de noix de cajou sans sucre

1 poignée de fraises, tranchées

Tartinez le pain croquant avec la purée de noix de cajou et servez-le avec les fraises.

Brochettes pastèque-fraise et noix de pécan

150 g de fraises

150 g de pastèque, en cubes

8 noix de pécan, grillées

Insérez les cubes de pastèque et les fraises sur des piques à brochette et servez-les accompagnés de noix de pécan grillées.

Biscuit à l'avoine et beurre de cacahuète

3 petits biscuits aux flocons d'avoine

1 cuil. à soupe de beurre de cacahuète sans sucre

Quelques graines de courge

Tartinez les biscuits avec le beurre de cacahuète, puis parsemez-les de graines de courge.

Fraises au balsamique, noix de pécan salées

12 fraises

1 cuil. à soupe de très bon vinaigre balsamique

1 pincée de poivre noir moulu

6 noix de pécan salées et grillées

Coupez les fraises en quartiers et arrosez-les de vinaigre balsamique, puis assaisonnez-les avec le poivre. Servez les noix de pécan à côté.

Pomme et amandes

1 pomme croquante

20 amandes

Condiment mexicain en poudre Tajín® (facultatif)

Une pomme et des amandes constituent un en-cas très simple à emmener avec soi pour manger sur le pouce. Si vous êtes à la maison, évidez et tranchez finement la pomme et saupoudrez-la avec des amandes effilées grillées.

Si vous aimez le piment et le citron vert, essayez d'assaisonner la pomme avec du condiment en poudre Tajín®, que vous pouvez acheter en ligne. *Délicieux !*

Croquant ricotta cannelle

75 g de ricotta allégée

1 pincée de stévia

½ cuil. à café de cannelle en poudre

2 tartines croquantes au seigle ou 2 biscuits aux flocons d'avoine

Mélangez la ricotta avec la stévia et la cannelle dans un petit bol. Tartinez le pain croquant au seigle ou les biscuits à l'avoine avec cette préparation.

Cerises et parmesan

10 cerises

25 g de bon parmesan, coupé en morceaux

Associez des cerises sucrées avec de petits morceaux de parmesan pour un plaisir gustatif simple et rapide.

Houmous et pois mange-tout

1 cuil. à café de pâte de piment fumé

2 cuil. à soupe de houmous

30 pois mange-tout

Mélangez la pâte de piment avec le houmous et dégustez cette préparation comme un dip dans lequel vous plongez les pois mange-tout crus.

Pita au houmous et à la grenade

1 mini pain pita complet

1 cuil. à soupe bombée de houmous

1 cuil. à soupe de pistaches hachées

1 cuil. à soupe de graines de grenade

Faites chauffer le pain pita au grille-pain, tartinez-le avec le houmous et saupoudrez-le avec les pistaches et les graines de grenade.

Roulés de nectarine au jambon cru

1 nectarine mûre

4 tranches de jambon cru maigre

Coupez la nectarine en quatre et enveloppez chaque quartier avec une tranche de jambon cru.

Yaourt aux amandes

2 cuil. à café de purée d'amandes sans sucre

100 g de yaourt grec 0 %

½ cuil. à café de stévia

1 cuil. à soupe d'amandes effilées, grillées

Mélangez la purée d'amandes, la stévia et le yaourt. Servez-le parsemé d'amandes effilées grillées.

Smoothie fraise-vanille

100 g de fraises

100 g de yaourt grec 0 %

1 cuil. à café de pâte de vanille

1 cuil. à soupe bombée de son d'avoine

10 à 20 cl de lait écrémé

Mixez tous les ingrédients dans un blender puissant, pendant 1 minute, jusqu'à obtention d'un mélange lisse et homogène. Ajustez la quantité de lait selon la consistance souhaitée.

Smoothie vanille, pêche et amande

8 tranches de pêche fraîche ou surgelée

100 g de yaourt grec 0 %

½ cuil. à café d'extrait de vanille (ou d'amande)

½ cuil. à café de stévia

½ cuil. à soupe de poudre d'amandes

10 cl de lait écrémé

Mixez tous les ingrédients dans un blender puissant, pendant 1 minute, jusqu'à obtention d'un mélange lisse. Ajustez la quantité de lait selon la consistance souhaitée.

Noix à la cannelle

Pour 8 portions (1 portion = 40 g de noix + 1 pomme)

1 blanc d'œuf bio

80 g de chaque : amandes, noix de cajou, noix de pécan et cerneaux de noix

¾ de cuil. à café de stévia | ½ cuil. à café de sel de mer

2 cuil. à café de cannelle moulue | 1 pomme par personne

Préchauffez le four à 150 °C (th. 5). Battez le blanc d'œuf. Incorporez-y les fruits à coque, la stévia, la moitié du sel de mer et de la cannelle. Étalez la préparation sur une plaque de cuisson légèrement huilée et enfournez 15 minutes, en remuant toutes les 5 minutes. Retirez du four et incorporez le restant de sel et de cannelle. Dégustez avec la pomme coupée en quartiers.

Fèves d'edamame au sel de mer

25 fèves d'edamame surgelées

Sel de mer

Décongelez les fèves d'edamame dans de l'eau chaude, pendant 5 minutes. Égouttez-les bien et assaisonnez-les avec le sel.

Une collation simple, délicieuse et facile à emporter.

Smoothie à la cerise noire

100 g de yaourt grec 0 %

160 g de cerises, fraîches ou surgelées

10 à 20 cl de lait écrémé

1 cuil. à soupe de concentré de cerise

Mixez tous les ingrédients dans un blender puissant, pendant 1 minute, jusqu'à obtention d'un mélange lisse et homogène. Ajustez la quantité de lait selon la consistance souhaitée.

Smoothie vanille et cannelle

100 g de yaourt grec 0 %

1 cuil. à café de pâte de vanille

½ cuil. à café de cannelle en poudre

10 à 20 cl de lait écrémé

Mixez tous les ingrédients dans un blender puissant, pendant 1 minute, jusqu'à obtention d'un mélange lisse et homogène. Ajustez la quantité de lait selon la consistance souhaitée.

Fruits à coque salés, piment chipotle et romarin

Pour 8 portions (1 portion = 40 g de noix + 12 cerises)

1 blanc d'œuf bio

80 g de chaque : amandes, noix de cajou, noix de pécan et cerneaux de noix

1 cuil. à café de stévia

½ cuil. à café de sel de mer

½ cuil. à café de poudre de piment *chipotle*

1 cuil. à café de romarin frais ciselé

12 cerises par personne

Préchauffez le four à 150 °C (th. 5).

Battez le blanc d'œuf, puis incorporez-y les fruits à coque, la stévia, la moitié du sel de mer, la poudre de piment *chipotle* et la moitié du romarin.

Étalez la préparation sur une plaque de cuisson légèrement huilée et enfournez pour 15 minutes, en remuant toutes les 5 minutes.

Retirez du four et incorporez le restant de sel et de romarin. Dégustez accompagné des cerises.

DÉJEUNERS

Soupe Samui au tofu

1 tige de citronnelle

Un peu de gingembre frais, pelé et finement haché

25 cl de bon bouillon de légumes

140 g de pois gourmands, coupés en diagonale

½ poivron rouge, tranché

75 g de pleurotes

4 tiges de broccolini®

2 cuil. à soupe de fèves d'edamame écossées

200 g de tofu fumé ferme, haché

1 piment rouge, épépiné et tranché

1 cuil. à soupe de sauce soja à teneur en sel réduite

Feuilles de coriandre fraîche ou de basilic thaï ciselées, pour garnir

Écrasez la citronnelle pour libérer sa saveur, puis placez-la dans une casserole avec le gingembre et le bouillon. Faites mijoter le tout à feu moyen, pendant 5 minutes, puis retirez la citronnelle et le gingembre avec une écumoire.

Ajoutez les pois gourmands, le poivron, les champignons, le broccolini®, les fèves d'edamame, le tofu, le piment et la sauce soja dans le bouillon. Faites mijoter pendant 4 minutes, jusqu'à ce que les légumes soient *al dente*. Garnissez avec les feuilles de coriandre ou de basilic.

Salade de trois haricots à la feta

50 g de haricots cannellini en conserve

50 g de haricots de Lima en conserve

50 g de haricots cornilles en conserve

4 oignons nouveaux, hachés

½ poivron jaune, évidé, épépiné et tranché

½ poivron rouge, évidé, épépiné et tranché

4 radis, émincés

6 tomates cerises, coupées en deux

1 cuil. à café d'huile d'olive

1 cuil. à café de pesto vert

50 g de feta, émiettée

Mettez tous les haricots dans un saladier. Ajoutez les oignons, les poivrons, les radis, les tomates, l'huile d'olive et le pesto, puis remuez pour mélanger le tout.

Parsemez de feta et servez.

Salade d'été à la feta

¼ d'une petite pastèque

75 g de feta, en cubes

¼ de concombre, épépiné et tranché

1 poignée de feuilles de menthe, ciselées

Le jus de ½ citron vert

1 cuil. à soupe de pignons de pin, grillés

Coupez la pastèque en gros morceaux, puis ajoutez les cubes de feta, le concombre et la menthe. Assaisonnez avec le jus de citron vert et parsemez de pignons de pin.

Salade de betteraves au fromage de chèvre

75 g de fromage de chèvre frais

2 poignées de jeunes pousses d'épinards

7,5 cm de concombre, tranché

12 tomates cerises, coupées en deux

1 petite betterave cuite, tranchée

180 g de sommités de brocoli, blanchies

1 cuil. à café de pignons de pin, grillés

1 cuil. à café d'huile de noix

Le jus de ½ citron

Sel de mer et poivre noir moulu

Ajoutez le fromage de chèvre à la salade d'épinards, de concombre, de tomates, de betteraves et de brocolis. Parsemez avec les pignons de pin grillés et chauds. Assaisonnez avec l'huile de noix, le jus de citron, le sel et le poivre.

Salade tricolore classique

1 grosse tomate cœur-de-bœuf

1 boule de mozzarella allégée

¼ d'avocat mûr

Quelques feuilles de basilic

1 cuil. à soupe de bon vinaigre balsamique

Sel de mer et poivre noir moulu

Tranchez la tomate, la mozzarella et l'avocat, puis disposez-les sur une assiette avec le basilic.

Arrosez avec le vinaigre balsamique et assaisonnez avec du sel et du poivre.

Les jolies lentilles de Louise

150 g de lentilles béluga cuites, froides ou chaudes, selon votre goût

12 tomates cerises, coupées en deux

½ poivron rouge, évidé, épépiné et haché

½ piment rouge, épépiné et haché

180 g de sommités de brocoli, blanchies

1 poignée de persil plat, ciselé

1 cuil. à soupe de bon vinaigre balsamique

1 cuil. à soupe d'huile d'olive

50 g de fromage de chèvre, émietté

Sel de mer et poivre noir moulu

Mélangez les lentilles, les tomates, le poivron, le piment, les brocolis et le persil dans un saladier. Arrosez de vinaigre balsamique et d'huile d'olive, puis assaisonnez à votre goût. Parsemez de fromage de chèvre et servez.

Niçoise affriolante

1 petite laitue sucrine

180 g de haricots verts blanchis

75 g de thon en conserve

6 olives noires, dénoyautées

6 tomates cerises, coupées en deux

5 cm de concombre, tranché

180 g de sommités de brocoli, blanchies

50 g de haricots cannellini

1 cuil. à soupe d'huile d'olive

1 cuil. à café de moutarde de Dijon

Le jus de ½ citron

Poivre noir moulu

1 œuf bio mollet, coupé en deux

Mélangez la laitue, les haricots verts, le thon, les olives, les tomates, le concombre, les brocolis et les haricots cannellini.

Assaisonnez avec l'huile d'olive, la moutarde, le jus de citron et le poivre noir. Dressez les deux moitiés d'œuf mollet sur le dessus.

Maquereau fumé et crudités

75 g de filets de maquereau fumé, en copeaux

Le jus de ½ citron

50 g de yaourt grec 0 %

50 g de fromage à la crème allégé (cream cheese)

1 poignée de persil plat, ciselé (facultatif)

Poivre noir moulu

Crudités : bâtonnets de concombre et de céleri branche, tranches de poivron rouge et jaune et pois mange-tout

Mélangez le maquereau fumé avec le jus de citron, le yaourt, le fromage à la crème et le poivre noir, en écrasant le tout avec une fourchette. Incorporez le persil, si vous en utilisez.

Servez accompagné des crudités.

Salade de concombre au saumon fumé et à l'aneth

1 concombre (avec la peau)

1 petite laitue sucrine, émincée finement

75 g de saumon fumé

Un peu d'aneth et de ciboulette frais, ciselés

1 cuil. à soupe de yaourt grec 0 %

Le jus de ½ citron

½ cuil. à café de zeste de citron râpé

Sel de mer et poivre noir moulu

Quartiers de citron, pour garnir

Utilisez un épluche-légumes pour peler le concombre en rubans, en veillant à ne pas prélever les graines qui se trouvent à l'intérieur. Mélangez-le ensuite à la laitue et au saumon fumé. Parsemez les herbes sur le dessus.

Pour assaisonner, mélangez le yaourt avec le jus et le zeste de citron, puis salez et poivrez à votre convenance.

Servez la salade avec la sauce sur le côté pour la verser dessus. Accompagnez-la de quartiers de citron.

Salade Cobb à la grenade

75 g de blanc de poulet cuit

10 cm de concombre, coupé en quatre dans le sens de la longueur et coupé en tranches épaisses

8 tomates cerises, coupées en quatre

½ poivron rouge, évidé, épépiné et haché

½ piment rouge, épépiné et tranché

1 poignée de feuilles de coriandre, grossièrement ciselées

Les graines de ½ grenade

1 œuf bio cuit dur, haché

2 tranches de lard fumé cuit, finement hachées

2 cuil. à café d'huile d'olive douce

Quartiers de citron vert, pour garnir

Hachez finement le blanc de poulet, puis disposez-le sur un plat avec le concombre, les tomates, le poivron, le piment, les feuilles de coriandre, les graines de grenade, l'œuf et le lard hachés.

Arrosez d'huile d'olive et servez accompagné de quartiers de citron vert pour en presser le jus sur la salade.

Délicieuse salade bistro

1 petite laitue sucrine

1 poignée d'estragon frais

1 poignée de persil plat

½ avocat, en cubes

2 tranches de jambon cru maigre, cuit et haché

140 g de petits pois surgelés, cuits

100 g de blanc de poulet cuit, haché

1 cuil. à soupe d'huile d'olive

1 cuil. à soupe de jus de citron ou de vinaigre blanc

1 cuil. à café de moutarde de Dijon

Ail écrasé, selon votre goût

Sel de mer et poivre moulu

Ciselez finement la sucrine, l'estragon et le persil, puis mettez-les dans un plat de service. Ajoutez les cubes d'avocat, le jambon cru (cuit et haché), les petits pois cuits et le poulet cuit haché.

Mélangez l'huile d'olive, le vinaigre, la moutarde et l'ail écrasé, assaisonnez selon votre goût et arrosez la salade avec cette vinaigrette.

Salade de poulet pimentée

125 g de blanc de poulet cuit, effiloché

5 poignées de jeunes pousses d'épinards

4 radis, émincés

4 petites tomates prunes, coupées en deux

10 cm de concombre, coupé en deux dans le sens de la longueur, puis tranché

1 cuil. à café de cacahuètes hachées

1 cuil. à café d'huile de sésame

Le jus de ½ citron vert

½ piment rouge, épépiné et haché

Sel de mer et poivre noir moulu

Mélangez le poulet effiloché, les épinards, les radis, les tomates, le concombre et les cacahuètes dans un plat de service.

Assaisonnez avec l'huile de sésame, le jus de citron vert, le piment, le sel et le poivre. Servez chaud ou froid en panier-repas.

Salade de poulet et de papaye à la menthe

125 g de blanc de poulet cuit, en cubes

1 poignée de feuilles de menthe, ciselées, plus quelques feuilles pour garnir

½ poignée de persil plat, ciselé

70 g de concombre haché

½ grosse papaye mûre, en cubes

1 cuil. à soupe de yaourt grec 0 %

Le jus de ½ citron vert

Sel de mer et poivre noir moulu

Zeste de citron vert, pour garnir

Mélangez les cubes de poulet avec la moitié de la menthe, le persil ciselé, le concombre et les cubes de papaye.

Préparez la vinaigrette en mélangeant le yaourt avec le jus de citron vert, le sel, le poivre et le reste de menthe ciselée. Versez-la ensuite sur la salade et garnissez avec les feuilles de menthe entière et le zeste de citron vert.

Salade asiatique au saumon

5 poignées de jeunes pousses d'épinards

2 oignons nouveaux, ciselés

2 radis, émincés

180 g de sommités de brocoli cuit

140 g de pois gourmands cuits, coupés en diagonale

½ piment rouge, épépiné et émincé

75 g de filet de saumon, poché, grillé ou cuit, en copeaux

2 cuil. à café d'huile de sésame

Le jus de ½ citron vert

Sel de mer et poivre noir moulu

Feuilles de coriandre, pour garnir

Mélangez les pousses d'épinard avec l'oignon nouveau, les radis, le brocoli, les pois gourmands et le piment.

Recouvrez avec les copeaux de saumon, arrosez d'huile de sésame et de jus de citron vert, salez et poivrez, puis parsemez de feuilles de coriandre.

Poulet enrobé de jambon cru et salade de tomates au basilic

125 g de blanc ou d'aiguillettes de poulet

4 tranches de jambon cru maigre

2 tomates cœur-de-bœuf, tranchées

Quelques feuilles de basilic, ciselées

Le jus de ½ citron

½ cuil. à soupe d'huile d'olive

½ cuil. à café de moutarde de Dijon

Sel de mer et poivre noir moulu

Préchauffez le four à 180 °C (th. 6).

Enroulez le blanc de poulet dans les tranches de jambon cru. Si vous utilisez des aiguillettes de poulet, enroulez chacune d'elles dans une tranche de jambon cru. Assaisonnez avec du sel et du poivre. Enfournez environ 15 minutes, jusqu'à ce que le poulet soit cuit.

Servez accompagné d'une salade de tomates au basilic, arrosée d'une vinaigrette préparée avec le jus de citron, l'huile d'olive, la moutarde, du sel et du poivre.

Salade antipasti

4 tranches de jambon cru

1 tomate cœur-de-bœuf, tranchée

½ boule de mozzarella au lait de bufflonne, tranchée

12 grosses olives, dénoyautées

2 cœurs d'artichauts

1 poignée de jeunes pousses d'épinards et de feuilles de roquette

1 cuil. à soupe de vinaigre balsamique

1 cuil. à café de pesto allégé

Sel de mer et poivre noir moulu

Dressez le jambon cru, les tomates, la mozzarella, les olives, les artichauts, les pousses d'épinards et les feuilles de roquette sur un plat de service.

Servez accompagné d'une vinaigrette réalisée en mélangeant le pesto et le vinaigre balsamique. Assaisonnez avec le sel et le poivre.

Encornets grillés et salade

150 g de rondelles d'encornets, cuites au gril

1 poignée de roquette et de feuilles de cresson

8 tomates anciennes, coupées en deux et tranchées

1 cuil. à soupe de yaourt grec 0 %

Le jus de ½ citron

½ cuil. à café de zeste de citron râpé

Disposez les rondelles d'encornets sur la salade de roquette, de cresson et de tomates. Assaisonnez avec le yaourt, le jus et le zeste de citron.

Lentilles du Puy et salade de halloumi

1 cuil. à café d'huile d'olive, pour frire

¼ d'oignon, ½ carotte et ½ branche de céleri, coupés en dés

75 g de lentilles vertes du Puy

1 brin de thym

5 cl de vin blanc

30 cl de bouillon de volaille

75 g d'épinards

1 cuil. à café de crème fraîche épaisse à 40 % de m.g.

50 g de fromage halloumi

Sel de mer et poivre noir moulu

Faites chauffer l'huile d'olive dans une poêle à frire à feu moyen. Faites frire les oignons avec les carottes et le céleri, jusqu'à ce qu'ils soient tendres. Lavez et égouttez les lentilles, puis ajoutez-les dans la poêle avec le thym et le vin blanc.

Portez à ébullition, ajoutez le bouillon, réduisez le feu et laissez mijoter 30 à 35 minutes.

Lorsque les lentilles sont cuites, assaisonnez et ajoutez les épinards. Une fois que ces derniers sont tombés, incorporez la crème épaisse.

Dans une autre poêle, faites frire le halloumi dans un peu d'huile d'olive, à feu très vif, 30 secondes de chaque côté, et servez-le sur les lentilles.

Frittata aux légumes de printemps et parmesan

1 cuil. à soupe d'huile d'olive

1 oignon rouge, finement coupé en dés

½ carotte, hachée

8 pointes d'asperges, hachées

35 g de petits pois surgelés

8 œufs bio

1 petit piment vert, épépiné et haché (facultatif)

2 cuil. à soupe de parmesan râpé

Sel de mer et poivre noir moulu

Pour 4 personnes

Faites chauffer l'huile à feu moyen dans une grande poêle antiadhésive et faites revenir l'oignon, la carotte, les asperges et les petits pois, jusqu'à ce qu'ils soient cuits.

Battez intimement les œufs et assaisonnez-les avec du sel et du poivre ainsi qu'avec du piment, si vous en utilisez. Versez les œufs dans la poêle et faites cuire à feu moyen pendant 5 minutes, jusqu'à ce que le fond soit joliment coloré.

Parsemez l'omelette de parmesan, puis placez-la sous un gril à feu moyen pendant encore 5 minutes, jusqu'à ce que la surface se fige et soit dorée.

Salade de fèves et petits pois au lard

2 tranches de lard

2 poignées de pousses de petits pois ou de roquette

100 g de fèves, légèrement cuites et écossées

70 g de petits pois, légèrement cuits

10 cm de concombre, tranché

2 oignons nouveaux, hachés

180 g de sommités de brocoli, blanchies

1 cuil. à café de pesto

Le jus de ½ citron

Poivre noir moulu

Hachez les tranches de lard et faites-les frire jusqu'à ce qu'elles soient croustillantes.

Mélangez les pousses de petits pois (ou la roquette) avec les fèves, les petits pois, le concombre, l'oignon, les brocolis et le lard croustillant. Assaisonnez avec le pesto, le jus de citron et du poivre.

DÎNERS

Œufs au chou

2 ½ cuil. à café d'huile d'olive

2 cuil. à café de graines de moutarde

½ chou frisé, émincé très finement

2 gros œufs bio

½ piment rouge, épépiné et tranché

1 cuil. à soupe de persil plat ciselé, pour garnir

Sel de mer et poivre noir moulu

Mettez 1 cuil. à café d'huile d'olive ainsi que les graines de moutarde dans un wok et mettez à cuire à feu doux, avec le couvercle, jusqu'à ce que les graines éclatent. Retirez du wok et réservez.

Ajoutez 1 cuillerée à café d'huile d'olive, le chou dans le wok. Salez, poivrez et faites revenir (en ajoutant 1 cuillerée à soupe d'eau toutes les 3 minutes) pendant 6 à 9 minutes. Incorporez les graines de moutarde grillées et réservez sur une assiette chaude.

Faites maintenant cuire les œufs au plat, avec l'huile d'olive restante.

Servez les œufs au plat sur le chou, parsemés de tranches de piment et de persil.

Saumon en papillote de Federica et légumes de printemps

75 g de filet de saumon

35 g de petits pois surgelés

4 petites courgettes, pelées en rubans

140 g de pois gourmands, coupés en diagonale

Le jus de ½ orange

½ cuil. à café de zeste d'orange

2 cuil. à soupe de vin blanc sec

Sel de mer et poivre noir moulu

120 g d'épinards (ou kale), tombés

Préchauffez le four à 180 °C (th. 6).

Enveloppez le saumon dans du papier d'aluminium, avec les petits pois, les rubans de courgette, les pois gourmands, le jus et le zeste d'orange, le vin blanc, le sel et le poivre. Enfournez pour 15 à 20 minutes, selon la cuisson désirée pour le saumon, puis servez avec la tombée d'épinards ou de kale.

Le ragoût de Sandi

1 cuil. à soupe d'huile d'olive

2 échalotes, ciselées

½ bulbe de fenouil, finement tranché

125 g de cuisses de poulet désossées, coupées en quatre

2 gousses d'ail, émincées

4 jeunes carottes et 6 jeunes courgettes, coupées en deux en diagonale

5 cl de bon bouillon de volaille

5 cl de vin blanc

1 poignée de feuilles d'estragon

1 portion de légumes verts cuits à la vapeur (facultatif)

Sel de mer et poivre noir moulu

Préchauffez le four à 180 °C (th. 6).

Faites chauffer l'huile d'olive dans une cocotte allant au four, puis faites revenir les échalotes et le fenouil. Ajoutez les cuisses de poulet et faites-les cuire à feu vif, jusqu'à ce qu'elles soient bien dorées, mais pas cuites à cœur. Ajoutez l'ail, les carottes, les courgettes, le bouillon de volaille, le vin, les feuilles d'estragon, puis assaisonnez avec le sel et le poivre.

Enfournez la cocotte 20 à 30 minutes, jusqu'à ce que le poulet soit tendre. Servez accompagné de légumes verts cuits à la vapeur, si vous le souhaitez.

Poulet mijoté aux pois chiches et au chorizo

1 petit oignon

25 g de chorizo

100 g de cuisses de poulet, désossées, sans la peau et coupées en quatre

50 g de pois chiches en conserve

6 tomates cerises

½ poivron jaune, évidé, épépiné et coupé en cubes

½ poivron rouge, évidé, épépiné et coupé en cube

12,5 cl de bouillon de volaille

Persil plat ciselé, pour garnir

2 portions de légumes verts, cuits à la vapeur (facultatif)

Coupez l'oignon en dés, tranchez le chorizo, puis faites-les revenir dans une poêle à frire à feu moyen, jusqu'à ce que l'oignon soit translucide.

Ajoutez le poulet, les pois chiches, les tomates, les poivrons et le bouillon de volaille. Laissez mijoter à feu doux pendant 20 minutes, jusqu'à ce que le poulet soit cuit, puis garnissez avec le persil ciselé.

Servez avec les légumes verts à côté, si vous le souhaitez.

Cette recette est prévue pour une personne, mais elle peut être préparée en quantité et congelée.

Steak de thon au sésame et légumes à l'asiatique

75 g de steak de thon frais

2 cuil. à café d'huile d'arachide

2 cuil. à soupe de graines de sésame

2 portions de légumes verts

2 cuil. à café d'huile de sésame

1 gousse d'ail, écrasée

½ cuil. à café de gingembre frais haché

2 cuil. à café de sauce soja claire, ou selon votre goût

Feuilles de coriandre ciselées, pour garnir

Badigeonnez le thon avec la moitié de l'huile d'arachide, puis plongez les deux faces dans les graines de sésame. Faites-le frire dans l'huile restante à feu moyen, en le retournant à mi-cuisson, jusqu'à ce qu'il soit doré.

Servez avec les légumes verts cuits à la vapeur ou sautés dans l'huile de sésame, avec l'ail et le gingembre. Ajoutez la sauce soja selon votre goût et garnissez de feuilles de coriandre.

Courgettes à la bolognaise

1 cuil. à soupe d'huile d'olive
2 oignons, ciselés finement
1 cuil. à soupe d'herbes de Provence séchées
800 g de viande de bœuf maigre hachée
70 cl de passata de tomates
1 × 400 g de tomates cerises en conserve
1 cuil. à soupe bombée de pesto rouge
¾ de cuil. à café de poivre noir moulu
5 cl de vin rouge
½ cube de bouillon de bœuf
8 courgettes, passées au spiralizer
1 cuil. à soupe de parmesan râpé

Pour 8 personnes

Préchauffez le four à 150 °C (th. 5).

Faites chauffer l'huile dans une cocotte allant au four et faites revenir les oignons et les herbes pendant 3 minutes à feu moyen-doux. Ajoutez la viande hachée et remuez pendant 3 minutes jusqu'à ce qu'elle soit dorée. Incorporez la passata, les tomates, le pesto, le poivre, le vin rouge et le bouillon de bœuf. Enfournez et laissez mijoter pendant 1 h 30, sans le couvercle, puis rectifiez l'assaisonnement selon votre goût.

Servez la sauce sur les spaghettis de courgettes et parsemez de parmesan.

Sauté de tofu fumé aux cacahuètes

1 cuil. à café d'huile de sésame

1 gousse d'ail, écrasée

Un peu de gingembre frais, pelé et haché finement

125 g de tofu fumé, coupé en dés

½ poivron rouge, évidé, épépiné et tranché

2 oignons nouveaux, émincés

50 g de fèves de soja

70 g de pois gourmands coupés en diagonale

100 g de pousses de germes de soja

1 cuil. à soupe de sauce soja à teneur en sel réduite

1 cuil. à café de cacahuètes, grillées

Faites chauffer l'huile de sésame à feu vif dans un wok, puis faites sauter l'ail, le gingembre, le tofu, le poivron rouge, l'oignon nouveau, les fèves de soja, les pois gourmands et les germes de soja pendant 2 minutes.

Ajoutez la sauce soja, parsemez de cacahuètes et servez sans tarder.

Champignon et fromage de chèvre grillé

1 gros champignon Portobello

Huile d'olive en spray

75 g de fromage de chèvre

1 poignée de roquette et de jeunes pousses d'épinards

1 grosse tomate cœur-de-bœuf, tranchée

1 cuil. à soupe de bon vinaigre de vin balsamique

1 cuil. à café de pesto allégé

6 cerneaux de noix, grillés et hachés grossièrement

Préchauffez le four à 180 °C (th. 6).

Pulvérisez le champignon avec un peu d'huile et enfournez-le 5 minutes, puis retirez-le du four. Préchauffez le gril.

Recouvrez le champignon avec le fromage de chèvre et mettez à cuire sous le gril pendant 2 minutes, jusqu'à ce que le fromage commence à dorer.

Servez avec la roquette, les épinards et les tomates, arrosez de vinaigre balsamique et de pesto, puis parsemez de noix hachées.

Bar au citron et purée de légumes

150 g de filet de bar, avec la peau

1 cuil. à café d'huile d'olive

Le jus de 1 citron

300 g d'un mélange de légumes surgelés (carotte, chou-fleur, brocoli)

1 cuil. à café de beurre

Sel de mer et poivre noir moulu

3 poignées de kale, sauté

1 cuil. à café de flocons de piment séchés

Quartiers de citron, pour garnir

Assaisonnez le bar avec le sel et le poivre et faites-le frire côté peau dans l'huile pendant 2 à 3 minutes. La peau doit être croustillante. Retournez délicatement le poisson, ajoutez le jus de citron et laissez cuire encore 1 minute. Retirez-le de la poêle.

Faites cuire les légumes à la vapeur. Ils doivent être juste cuits avant d'être réduits en une purée lisse, avec le beurre. Assaisonnez à votre goût avec le sel et le poivre.

Servez le bar sur la purée de légumes, accompagné du kale sauté, parsemé de flocons de piments avec le citron à côté.

Noix de Saint-Jacques et chorizo

25 g de chorizo

100 g de noix de Saint-Jacques

Le jus de ½ citron

1 laitue romaine, ciselée

5 cm de concombre, coupé en deux, épépiné et tranché

12 pois mange-tout, tranchés en diagonale

1 poignée de persil plat, ciselé

Quartiers de citron, pour garnir

Faites doucement frire le chorizo pendant 2 minutes dans une poêle très chaude, sans gras. Retirez de la poêle et réservez.

Mettez ensuite les noix de Saint-Jacques dans la poêle et saisissez-les 1 minute de chaque côté.

Remettez le chorizo dans la poêle et arrosez le tout de jus de citron.

Préparez la salade en mélangeant la laitue, le concombre, les pois mange-tout et le persil.

Servez les noix de Saint-Jacques et le chorizo sur la salade et garnissez de quartiers de citron.

Salade de poulet aux épices cajun

1 cuil. à soupe de mélange d'épices cajun

1 cuil. à café d'huile d'olive

125 g de blanc de poulet, coupé en lamelles

1 laitue sucrine, effeuillée

7,5 cm de concombre, tranché

4 radis, émincés

½ poivron rouge, évidé, épépiné et tranché

½ poivron jaune, évidé, épépiné et tranché

2 oignons nouveaux, tranchés

1 cuil. à café d'huile d'olive

Le jus de ½ citron vert

Mélangez les épices cajun avec l'huile d'olive, puis étalez cette préparation sur toute la surface des lamelles de poulet. Faites-les frire à feu moyen-vif, pendant 15 minutes, jusqu'à ce que la viande soit cuite.

Préparez la salade, en mélangeant la laitue, le concombre, les radis, les poivrons et les oignons nouveaux. Assaisonnez-la avec l'huile d'olive et le jus de citron vert.

Servez le poulet aux épices cajun sur la salade.

Kebabs poulet pesto

- 100 g de blanc de poulet cuit
- 50 g de yaourt grec 0 %
- 1 cuil. à café de pesto vert ou rouge
- 2 poignées de feuilles de coriandre
- 2 poignées de persil plat
- 1 poignée de menthe
- 12 tomates cerises
- 1 oignon nouveau
- 2 cuil. à café d'huile d'olive
- Le jus de ½ citron
- Sel de mer et poivre noir moulu

Coupez le blanc de poulet en gros morceaux. Mélangez-les avec le yaourt et le pesto, puis assaisonnez à votre goût.

Ciselez finement la coriandre, le persil, la menthe, les tomates et l'oignon nouveau. Assaisonnez la salade avec l'huile d'olive, le jus de citron, du sel et du poivre.

Enfilez les morceaux de poulet sur des brochettes à kebab, si vous le souhaitez ou servez-les sur la salade de tomates aux herbes.

Cabillaud au citron et aux amandes

150 g de filet de cabillaud

1 cuil. à café d'huile d'olive

1 cuil. à café de beurre

Le jus de 1 citron

1 cuil. à soupe d'amandes effilées, grillées

Persil plat ciselé, pour garnir

8 pointes d'asperges (ou un autre légume vert de votre choix), cuites à la vapeur

Sel de mer et poivre noir moulu

Assaisonnez le cabillaud avec du sel et du poivre et faites-le frire dans l'huile d'olive et le beurre, jusqu'à ce qu'il soit doré et croustillant. Retirez le cabillaud de la poêle, puis déglacez la poêle avec le jus de citron.

Versez le jus sur le poisson et parsemez-le d'amandes grillées et de persil. Servez-le accompagné des pointes d'asperges ou du légume vert de votre choix.

Steak et purée de chou-fleur au fenouil

1 bulbe de fenouil, coupé en quatre

1 cuil. à café d'huile d'olive, plus un peu d'huile en spray

100 g de steak dans le filet

200 g de sommités de chou-fleur, cuit à la vapeur

1 cuil. à café de beurre

1 cuil. à café de graines de fenouil

1 portion de légumes verts, cuits à la vapeur, pour servir

Sel de mer et poivre noir moulu

Préchauffez le four à 200 °C (th. 6-7).

Coupez le fenouil en quatre et graissez-le avec un peu d'huile d'olive en spray. Faites-le rôtir pendant 30 minutes, jusqu'à ce qu'il soit doré.

Badigeonnez les deux faces du steak avec la cuillerée à café d'huile d'olive et assaisonnez les deux faces. Faites-le griller à feu vif, selon la cuisson de votre choix, puis faites-le reposer 5 minutes.

Pendant la cuisson et le repos du steak, écrasez le chou-fleur avec le beurre. Parsemez la purée de graines de fenouil et assaisonnez à votre convenance.

Coupez le steak en lamelles et servez-le accompagné du fenouil rôti, de la purée de chou-fleur et des légumes verts de votre choix.

Le poulet en papillote de JT

125 g de blanc de poulet ou de cuisses maigres

12 tomates cerises grappe

Quelques feuilles de basilic

1 cuil. à café de pesto rouge ou vert

1 poivron rouge, évidé, épépiné et tranché

1 poignée d'épinards et de pois gourmands

2 cuil. à café d'huile d'olive

1 cuil. à café de bon vinaigre balsamique

Sel de mer et poivre noir moulu

Préchauffez le four à 180 °C (th. 6).

Placez le poulet, les tomates, le basilic, le pesto, le poivron, les épinards et les pois gourmands dans une papillote de papier sulfurisé. Enfournez pour 20 minutes, jusqu'à ce que le poulet soit cuit à cœur.

Assaisonnez le poulet et les légumes à votre goût, puis servez arrosé d'huile d'olive et de vinaigre balsamique.

Salade de concombre, crevettes, et cajou

1 cuil. à café d'huile d'arachide

125 g de grosses crevettes, décortiquées, déveinées

½ cuil. à café d'ail haché

12 cm de concombre, pelé en rubans

1 poignée de coriandre et 1 poignée de menthe ciselées

½ piment rouge, épépiné et tranché

1 oignon nouveau, tranché

Le jus de ½ citron vert

¼ de cuil. à café de stévia

2 cuil. à café de sauce soja claire

1 cuil. à soupe d'huile de sésame

½ cuil. à soupe de noix de cajou, grillées et hachées

Mettez l'huile d'arachide à chauffer dans un wok à feu vif et faites sauter les crevettes pendant 4 minutes, en ajoutant l'ail à la dernière minute de cuisson. Retirez du feu et réservez.

Mettez tous les autres ingrédients dans le wok, à l'exception de l'huile de sésame et des noix de cajou, puis faites cuire le tout *al dente*. Remettez les crevettes dans le wok et laissez cuire encore 1 minute.

Assaisonnez la salade avec l'huile de sésame et parsemez-la avec les noix de cajou.

Salade Marrakech

2 poignées de feuilles de coriandre

2 poignées de feuilles de persil plat

1 poignée de feuilles de menthe

12 tomates cerises, coupées en deux

3 radis, émincés

Le jus de ½ citron

125 g de blanc de poulet cuit (ou 140 g d'un mélange de légumineuses ou de lentilles béluga, si vous êtes végétarien)

1 cuil. à soupe de tahini

1 cuil. à café de graines de nigelle

Sel de mer et poivre noir moulu

Quelques quartiers de citron, pour garnir

Ciselez finement la coriandre, le persil et la menthe et mettez-les dans un saladier. Ajoutez les tomates et les radis, puis assaisonnez avec le jus de citron, le sel et le poivre.

Tranchez le blanc de poulet et mettez-le sur les autres ingrédients (sinon ajoutez les lentilles). Arrosez de tahini et parsemez de graines de nigelle. Servez accompagné de quartiers de citron.

Veau au beurre de moutarde et asperges

8 pointes d'asperges

2 pulvérisations d'huile d'olive en spray

1 cuil. à café de moutarde de Dijon

2 cuil. à café de beurre mou

100 g d'escalope de veau

1 portion de légumes verts, cuits à la vapeur, ou une salade verte mixte, pour servir (facultatif)

Sel de mer et poivre noir moulu

Préchauffez le four à 180 °C (th. 6).

Pulvérisez les asperges avec l'huile d'olive et faites-les rôtir pendant 8 minutes.

Mélangez la moutarde avec le beurre et ajoutez du sel et du poivre. Étalez cette préparation sur les deux faces de l'escalope de veau. Faites frire la viande pendant 5 à 6 minutes, en la retournant à mi-cuisson.

Servez le veau avec les asperges et accompagnez-les de légumes verts cuits à la vapeur, si vous le souhaitez.

L'agneau tendre de Lucy

100 g d'agneau maigre, en cubes

2 gousses d'ail, écrasées

Le jus de 1 citron

1 cuil. à café de flocons de piment séchés

1 poivron rouge, évidé, épépiné et coupé en gros morceaux

2 cuil. à soupe de yaourt grec 0 %

5 cm de concombre, en petits dés

Feuilles de coriandre ou de persil plat, grossièrement ciselées, pour garnir

Sel de mer et poivre noir moulu

2 portions de légumes verts, cuits à la vapeur

Faites mariner l'agneau dans un sachet hermétique avec l'ail, le jus de citron, les flocons de piment et un peu de sel et de poivre, pendant au moins 1 heure et idéalement toute une nuit.

Préchauffez le gril à feu vif. Préparez des brochettes en alternant des morceaux d'agneau et de poivron rouge sur une pique trempée dans de l'eau. Mettez à cuire sous le gril chaud. Retournez-les fréquemment, jusqu'à ce que l'agneau soit doré et tendre.

Mélangez le yaourt et le concombre dans un petit bol. Assaisonnez à votre goût et garnissez de coriandre ou de persil ciselé. Servez les brochettes avec un légume vert de saison.

Croquettes de poulet au chou et à la grenade

125 g de poulet haché (ou de dinde)

1 oignon nouveau, haché

½ gousse d'ail, écrasée

½ cuil. à café de zeste de citron râpé

½ cuil. à café de sel de mer

½ cuil. à café de poivre noir

½ cuil. à soupe d'huile d'olive

Chou à la grenade :

100 g de chou frisé finement ciselé

1 cuil. à café d'huile d'arachide

½ pomme, coupée en deux, évidée et tranchée

Le jus de ½ citron vert

2 cuil. à soupe de graines de grenade

Sel de mer et poivre noir moulu

Mélangez la viande hachée avec l'oignon, l'ail, le zeste de citron, le sel et le poivre, puis formez deux croquettes avec ce mélange. Faites chauffer l'huile d'olive dans une poêle grill à feu moyen et mettez les croquettes à griller, jusqu'à ce qu'elles soient cuites à cœur et bien dorées.

Faites sauter le chou à feu vif, dans l'huile d'arachide, pendant 6 minutes, en ajoutant 1 cuillerée à soupe d'eau toutes les 2 minutes. Retirez le chou du feu, puis ajoutez la pomme, le jus de citron vert et l'assaisonnement. Servez les croquettes de poulet sur un lit chaud de chou. Parsemez le tout de graines de grenade.

4

★ Intégrez l'activité physique dans votre vie quotidienne, avec un minimum de 10 000 pas par jour. Visez le plus haut possible.

★ Intégrez une séance d'exercice physique, chez vous et sans équipement, pendant au moins 15 minutes, en suivant la méthode Louise Parker.

BOUGEZ "INTELLIGENT"

Avec les séances d'exercice physique Louise Parker, vous atteignez deux objectifs : une superbe transformation physique et le goût de l'exercice. En travaillant quotidiennement, vous prendrez naturellement l'habitude de bouger plus. Vous allez devenir quelqu'un qui s'entretient tous les jours, sans aller dans une salle de sport. C'est cela que nous allons intégrer dans votre vie de la manière la plus efficace possible.

Les exercices précis, parmi lesquels mes mouvements favoris, peuvent être faits confortablement chez vous. Ma méthode, qui requiert de l'assiduité, permet d'obtenir le corps le plus beau en un minimum de temps et d'effort. Ainsi, vous avez plus de temps pour sculpter votre corps, sans perdre une seule minute en trajets jusqu'à la gym.

Vos exercices à la maison consistent en du Cardio Sculpt. Cela signifie qu'en augmentant votre fréquence cardiaque et en brûlant la graisse, vous allez aussi affiner et tonifier votre corps, centimètre par centimètre. Tous les muscles de votre corps vont être ciblés : les plus importants qui renforcent votre masse musculaire et votre métabolisme, comme les plus petits qui sculptent votre corps de façon esthétique.

Certains jours, l'entraînement sera facile, d'autres plus difficile. Vous déciderez de l'intensité, selon votre humeur et les obligations de votre vie quotidienne. Je vais aussi vous apprendre comment équilibrer les exercices tout au long de la semaine.

Qu'est-ce qu'un corps Louise Parker ?

Ce doit tout d'abord être le corps que vous voulez avoir. Je n'ai pas à vous dicter votre physique. Lorsque votre corps devient celui que vous visualisiez, alors c'est que vous avez atteint votre but. Mais en suivant ma méthode – dans son intégralité –, vous obtenez un corps mince et ferme. Chaque membre de votre corps sera délicatement sculpté et tonifié. Vous n'aurez pas des bras de culturiste ni des cuisses de prof de vélo en salle. Au contraire, votre corps sera élégant comme celui d'une danseuse. La raison à cela est que nous n'allons pas travailler sur la charge, mais sur la répétition. Et si les danseurs ont de si beaux corps, c'est parce qu'ils ne cessent d'enchaîner les répétitions. Tout n'est que répétition.

Chez Louise Parker, 30 % de nos clients sont des hommes et nous appliquons le même principe pour eux. Ils souhaitent avoir un corps sculpté, mince et puissant, comme Brad Pitt, torse nu, et ne pas ressembler à une armoire à glace. Or, derrière le beau torse nu de Brad Pitt se cachent des enchaînements de répétitions et non des entraînements avec des poids et charges lourdes. Bien entendu, sans tomber dans l'haltérophilie – qui n'est pas du tout notre sujet –, nous utilisons des poids plus importants pour les hommes.

Va-et-vient d'énergie

Votre corps brûle sans cesse de l'énergie, même pendant votre sommeil. Votre métabolisme a besoin d'énergie sous forme de calories afin d'assumer toutes les fonctions qui vous maintiennent en vie : fabriquer de nouvelles cellules, assurer les battements du cœur, permettre aux poumons de respirer, maintenir votre corps à la bonne température et de nombreuses autres actions corporelles essentielles. C'est votre métabolisme de base (MB) que vous allez stimuler grâce à des exercices physiques intelligents. Votre masse musculaire va augmenter et vous allez devenir une personne plus active. Plus votre MB sera élevé, plus vous pourrez manger sans grossir. Il vous faut donc maximiser la dépense énergétique. Or, ma méthode allie efficacité et praticité pour y parvenir.

Soyez plus actif

Bouger est le principe de base. Une absolue nécessité.

Je suis profondément convaincue que si vous posez les bases nécessaires pour devenir une personne active, alors les exercices que vous ferez pour être au top deviendront mille fois plus naturels et habituels. **Votre objectif est de faire 10 000 pas par jour.** Achetez un podomètre pour les compter. C'est la base de mon programme physique.

Même si mes exercices sont essentiels pour atteindre tous vos objectifs, le fait d'ignorer la base consistant à être actif vous oblige à fournir un effort considérable pour que l'activité quotidienne devienne une habitude. Or, pour que tel soit le cas, je veux que vous ayez le moins d'efforts à faire. Plus vous serez actif, plus votre énergie, votre motivation et votre volonté grandiront. C'est donc un fondement de ma méthode. Ignorez cette règle à vos risques et périls !

Bouger trois fois par semaine pour cocher la case « J'ai fait du sport » et rester inactif le reste du temps n'est pas une bonne approche de l'activité physique, car cela ne changera pas votre corps, votre entrain ou votre vie. Nous sommes censés bouger, courir, marcher, jouer et grimper. Nous n'avons pas été conçus pour rester assis dans une voiture ou derrière un bureau toute la journée ni pour regarder la télévision quatre heures le soir. Nous devons sans cesse bouger et c'est en bougeant que l'envie de bouger devient une habitude. Une habitude qui équilibre votre corps : votre peau est radieuse, vos hormones sont stables et vous êtes heureux, mince et libre.

Je ne veux pas vous répéter pour la énième fois : « Empruntez les escaliers plutôt que l'ascenseur », car vous l'avez déjà entendu des millions de fois. Cela m'agace profondément de lire que l'on peut faire travailler ses jambes en attendant que la bouilloire bout le matin. Moi, je suis généralement en train de dire à mon enfant de prendre une assiette et d'essayer de me rappeler s'il y a danse ou gymnastique ce jour-là. Il est toutefois intéressant de trouver des moyens d'intégrer l'exercice de façon intelligente à nos vies. Je vais vous donner des idées de mouvements efficaces et pratiques au quotidien.

J'ai de nombreux clients qui s'entraînent 1 h 30 par jour avec mon équipe, six jours par semaine et qui passent le reste du temps le nez rivé sur un écran de trading. Ils sont ensuite conduits à la maison, mangent, vont au lit, puis ils répètent ce même cycle le lendemain. Ces séances sont essentielles pour ceux qui restent immobiles 22 h 30 chaque jour. Elles leur permettent de ne pas mourir d'inactivité et de stress. Nous n'avons pas tous accès à l'entraînement personnel, mais devons-nous pour autant rester inactifs tout le temps ? Nous avons tous – du moins, je l'espère – l'opportunité de bouger.

J'ai l'habitude d'être active. Contrairement à certains de mes amis, je suis incapable de rester assise cinq heures d'affilée. Quand j'écrivais ce livre, je réglais ma minuterie sur 45 minutes, puis je me levais, j'attrapais une boisson et je faisais quelques minutes d'exercice. Sans bouger, mon corps est ankylosé, mon cerveau cesse de fonctionner et je deviens grognon. Je fais alors 50 fentes dans mon entrée ou quelques squats avec CoCo. Le principe est de vous lever et de bouger toutes les 45 minutes. Même si c'est juste pour monter et descendre les marches et aller vous chercher à boire.

Si vous travaillez dans un bureau, mettez une minuterie pour vous rappeler de vous lever toutes les 45 minutes. Allez vous acheter une bouteille d'eau dans un magasin ou montez huit volées d'escaliers. Ne perdez pas non plus votre emploi, mais si les fumeurs ont le droit de sortir, vous pouvez bien monter et descendre les escaliers. Au déjeuner, partez marcher pendant 30 minutes. Rentrez à pied chez vous (ou faites une partie du trajet à pied). Une actrice que je connais met de la musique et passe l'aspirateur en dansant comme Beyoncé. Elle peut pourtant se payer tous les coachs du monde, mais c'est ce qu'elle aime et cela lui permet de rester mince et ancrée.

Mettez toute votre énergie en chaque chose que vous faites. Si vous êtes une maman à la maison, dansez sur trois tubes pendant que personne ne vous regarde, afin de démarrer votre journée. Je vous promets que vous serez de bien meilleure humeur. Après avoir récupéré les enfants à l'école, emmenez-les au parc et jouez intensément avec eux : dites-leur de vous suivre pendant que vous marchez ou courez. Faites du vélo dans le parc ou bien du pédalo, organisez des promenades en famille, faites du roller ou jouez à des jeux, et amusez-vous en jouant ! Votre enfant – et votre postérieur – vous remerciera pendant longtemps.

Même si cela me surprend toujours de dire cela : mettez des chaussures confortables pour marcher. J'ai une addiction aux Manolo® et, les jours où je suis au bureau, je remarque que je marche beaucoup moins. En quittant le bureau, je mets des chaussures dans lesquelles je peux marcher. Je suis alors moins tentée de sauter dans un taxi. Je rentre à la maison à pied avec une auréole au-dessus de la tête et 8 euros en poche. Les jours où je porte mes Nikes®, je bouge comme le lapin Duracell®, je me sens plus dynamique, plus active et je fais plus de choses.

Il faut vraiment intégrer l'activité dans votre vie et arrêter de penser à aller trois fois par semaine à la gym. Je sais que tout ceci résonne comme les slogans de fitness, mais je vous promets que c'est la voie la plus simple. En bougeant tous les jours, plus besoin de conduire jusqu'à une salle de gym, pour marcher sur un tapis roulant (une activité tout sauf vivante).

Bougez tous les jours, sans exception

Si bouger plus est la base de l'habitude que vous allez mettre en place, la deuxième étape est de vous exercer tous les jours en montant d'un cran. Ne pas vous asseoir pendant des heures et des heures n'est pas une solution. Pour obtenir de très beaux résultats, il faut augmenter votre fréquence cardiaque, mettre votre corps au défi et vous forcer à faire chaque jour un effort supplémentaire.

Je sais que c'est dur à entendre, mais je promets, la main sur le cœur, que depuis que j'ai adopté cette approche, c'est devenu l'habitude la plus salutaire et infaillible. En outre, je n'ai jamais eu d'aussi bons résultats. Je suis plus mince, plus svelte et plus souple que je ne l'ai jamais été. En m'exerçant avec constance, je n'ai pas besoin de me punir avec un régime violent.

Rappelez-vous : j'ai voulu pour vous une méthode facile et durable. La seule manière pour que les habitudes perdurent est de les répéter sans cesse. Et si vous mettez la barre beaucoup trop haut, au début de ces six semaines de programme, alors vous vous mettez en position d'échec. Visez aussi haut que vous pouvez, mais soyez logique et réaliste. Dans l'année, nous rencontrons tous des périodes plus éreintantes que d'autres. Dans ces moments-là, il est bon de réduire d'un cran la longueur de vos exercices. Même plus courtes, continuez cependant de faire vos séances. Si vous avez très peu de temps, concentrez-vous sur les gros muscles, pour booster votre métabolisme et vous maintenir en éveil, même seulement 15 minutes par jour. Vous devez absolument être constant. Entretenir votre mémoire musculaire et surtout continuer à tenir votre engagement sont déjà plus que suffisants. Car si vous n'arrêtez pas, vous n'arrêterez jamais.

La régularité est la clé. Elle s'applique à vos habitudes physiques et alimentaires. Si vous alternez des cours de sport intensif avec des moments d'inactivité, alors vous ne suivez pas la méthode et vous n'obtiendrez pas les bons résultats. En outre, vous prenez la route la plus difficile qui existe. Alors, bougez tous les jours sans exception et ne vous arrêtez pas.

Trouvez un moyen

C'est à vous que vous devez rendre des comptes et vous aussi qui devez trouver un moyen d'être plus actif. Je ne peux pas le faire physiquement pour vous. Je vous ai donné quelques idées, mais vous devez vraiment vous approprier la façon d'opérer certains changements. Vous devez faire le travail et le planifier. C'est votre responsabilité.

Quels que soient les obstacles qui vous empêchent de bouger, écrivez-les. Considérez-les ensuite et efforcez-vous de trouver une solution qui permette de les surmonter. Si vous pensez qu'il n'y a aucun obstacle, alors vous vous mentez, vous ne vous rendez pas service et vous m'empêchez de vous aider. Vous devez trouver vos moyens de bouger davantage dans votre vie. Tout le monde peut y arriver.

Bon, arrive le moment où je vais vous culpabiliser (désolée de ne pas être désolée).

J'habitais avant à Wimbledon Common. Je venais d'avoir ma première fille, Sophie, je souffrais d'une dépression postnatale et ma motivation était au plus bas. Il y avait cet homme que tous les habitants de Wimbledon connaissent. Il n'a qu'une jambe. Or, qu'il pleuve, qu'il neige ou qu'il vente, il court. Oui, il court. Avec deux cannes, en attrapant l'une à l'autre à chaque foulée et en faisant de grandes enjambées, le tout sans prothèse. Il va à une allure folle, sans tee-shirt, avec la sueur qui coule sur son torse nu. J'aime dire qu'il a été l'ampoule qui s'est allumée pour m'extirper de ma désolation. Vous dire pour autant que j'ai commencé la course de fond le lendemain serait mentir. En revanche, après l'avoir vu une douzaine de fois, j'ai enfilé mes Nike® et j'ai commencé à éliminer le surpoids de la grossesse en faisant de la marche rapide – chaque jour, qu'il fasse beau ou mauvais. Si lui pouvait le faire avec une jambe, je devais pouvoir y arriver avec deux. Nous devons apprendre à bouger et à déjouer tous les obstacles, les blessures ou les défis que nous rencontrons.

Mon défi personnel est de surmonter la douleur chronique aiguë dont je souffre. Après deux accidents survenus à six semaines d'intervalle, depuis plus de dix ans, j'ai un spasme constant dans un muscle en haut du dos. J'ai mal au repos comme en bougeant. Je m'entraîne, donc, et avec le temps, j'ai appris à vivre avec cette douleur. Il est arrivé certains mois que je ne m'entraîne pas en espérant que cela aille mieux, mais, honnêtement, c'est une fausse excuse. Certains jours sont très difficiles et je passe des nuits sans dormir, mais je ne laisserai pas cette douleur devenir plus grosse que moi. De temps en temps, j'imagine que c'est ce pouvoir à l'intérieur de moi qui me pousse à tirer le meilleur de moi-même. J'en parle peu, parce que j'ai l'impression, en en parlant, que je nourris la douleur et pas la solution. Je préfère avoir mal et être dans la meilleure forme physique qu'avoir mal, être obèse et engluée dans la désolation. Vous devez visualiser l'obstacle et le franchir.

Que votre obstacle soit le temps, la douleur, l'invalidité, la dépression ou l'addiction, identifiez-le et trouvez une solution. En faisant cela, vous réveillez l'éclat qui est en vous.

Vous devez visualiser l'obstacle et le franchir. En faisant cela, vous réveillez l'éclat qui est en vous.

Les séances d'entraînement Louise Parker

Dynamique dès le premier jour

Pendant vos séances, vous devez vous focaliser sur la cadence, l'énergie et la passion. Nous allons vous y préparer avec du stretching dynamique. Ces étirements sont inclus dans les exercices actuels. Par conséquent, vous allez presque entrer directement dans le vif du sujet en faisant des exercices qui vous étirent et qui mobilisent tout votre corps dans le même temps. Cela va améliorer votre posture, détendre vos articulations, échauffer votre corps et éviter les blessures.

Tirez parti de chaque minute

Nous allons maximiser votre retour sur investissement en temps et ne gâcher aucune minute précieuse. Nous allons passer d'un exercice à un autre à un rythme soutenu et ne pas perdre de temps entre les exercices. Lorsqu'un muscle se repose, un autre travaille. Votre travail musculaire va consister à faire plusieurs choses en même temps, afin de passer moins de temps à vous entraîner et libérer du temps pour votre vie.

Sculpt simultané

Au travers d'enchaînements, nous allons ensuite sculpter de multiples muscles. Ainsi, le travail est plus rapide, votre fréquence cardiaque reste élevée et votre robinet brûle-graisse continue de couler comme un fou. Nous n'allons pas travailler les biceps, puis nous reposer, puis faire des squats et nous reposer. Plus vous travaillez de muscles en même temps, plus votre esprit se connecte avec votre corps. Une sensation incroyable.

Cardio Sculpt tout-en-un

En travaillant tant de muscles en même temps, en enchaînant constamment les mouvements et en les répétant, votre fréquence cardiaque est élevée. Il faut beaucoup d'énergie pour poursuivre et cette énergie vient de votre réserve de graisse.

Avec les répétitions, le rythme dynamique et les nombreux muscles qui travaillent en même temps, votre rythme cardiaque va être vraiment très élevé. Vous allez en réalité faire du cardio tout en **sculptant votre corps – vous aurez les bénéfices brûle-graisse d'un jogging tout en tonifiant votre corps : deux exercices en un. Plus de temps perdu à traîner sur un tapis roulant. Vous allez bouger et mincir.**

Journée robinet brûle-graisse, 24 heures consécutives

Après que vos muscles et votre fréquence cardiaque ont été mis au défi, votre corps bascule dans un impressionnant mode de « postcombustion » (ou excès de consommation d'oxygène post-exercice, pour employer des mots techniques). J'enseigne depuis des années qu'il n'y a pas que les calories brûlées pendant la séance qui importent, mais aussi celles que vous brûlez *après.*

En vous entraînant, vous endommagez – de façon positive – les fibres de vos muscles, puis vous brûlez des calories pour les réparer et les reconstruire. En fabriquant du muscle, vous brûlez autant de calories au repos qu'en action. C'est pourquoi les décomptes de calories brûlées sur un vélo sont inutiles.

Vous allez progresser

Nous allons lentement augmenter l'intensité de vos séances. En démarrant sans forcer, vous allez suivre une cadence plus lente et faire des séances plus courtes. Cependant, vous serez épaté de voir la vitesse à laquelle vous progressez et vous en ferez bientôt trois fois plus que lors de votre première séance. La progression est importante, car il existe un lien très fort entre le nombre de calories que votre corps brûle après une séance intense et la durée de cette dernière.

Pour la plupart d'entre nous, la « postcombustion » signifie l'ouverture de notre robinet brûle-graisse, lorsque notre fréquence cardiaque atteint 70 à 85 % de la maximale, pendant la séance. Vous pouvez utiliser un moniteur de fréquence cardiaque, mais je préfère m'assurer que je travaille en étant à 8/10 d'effort. Vous savez si vous travaillez dur ou pas et vous n'avez pas à être ultra-performant chaque jour, c'est humain. Certains jours, vous en ferez moins. Chaque jour, cependant, vous ferez de votre mieux.

Au cours de chaque séance, nous allons associer le travail des gros muscles et des muscles plus petits et délicats. En mobilisant les 600 muscles de votre corps, vous allez ainsi le façonner en beauté. Ils seront entraînés six jours par semaine. Vous pouvez le faire aussi souvent, car ce n'est pas du bodybuilding. Vous sculptez votre corps grâce à de nombreuses répétitions. Les danseurs étoiles s'entraînent tous les jours, il vous faut donc au moins six séances par semaine au cours de votre programme.

À chaque séance, nous allons sculpter à tour de rôle les groupes musculaires de gros et petits muscles. Les gros groupes musculaires, tels que les quadriceps et les ischio-jambiers, ont besoin de beaucoup d'énergie pour fonctionner, ce qui maintient votre fréquence cardiaque élevée et votre robinet brûle-graisse actif. Cela permet également de renforcer ces plus gros muscles et d'élever votre MB sur le long terme.

Ce n'est pas « comme ça et pas autrement »

Je crois sincèrement que la méthode d'entraînement physique Louise Parker vous apporte les meilleurs résultats en un minimum de temps avec une efficacité durable. Sinon, j'aurais cherché autre chose depuis 20 ans. Cependant, loin de moi l'idée de penser : « C'est comme ça et pas autrement ! »

Je souhaite que vous fassiez mes séances six jours par semaine minimum, car je veux que vous vous raffermissiez et brûliez de la graisse aussi vite que possible. En termes de temps et de résultats, vous en aurez pour votre argent, avec des exercices pratiques ainsi que des résultats et des habitudes que vous garderez à vie.

En revanche, si vous êtes déjà inscrit à un cours de barre au sol, si vous retrouvez votre meilleure amie aux séances de Pilates ou aimez courir le week-end, n'arrêtez pas. Ce qui m'importe est que vous bougiez plus toute votre vie. Si vous avez déjà une routine que vous aimez en place, conservez-la.

Soyez juste conscient de quelques points :

Brillez de sueur

En plus des 10 000 pas par jour, vous allez suivre vos séances aussi souvent que possible. Vous allez devoir transpirer. L'idée n'est pas de dégouliner ni d'hyperventiler, mais de briller de sueur et d'avoir le cœur qui bat plus vite. Si vos exercices quotidiens ne déclenchent pas ces réactions et que vous ne sentez pas vos muscles travailler, alors il est temps de passer à des séances plus intenses. Vous savez quand vous ne forcez pas, et si tel est le cas, il faut monter d'un cran.

Réduisez le cardio et passez au HIIT

Les exercices cardiovasculaires sont bien entendu nécessaires et je ne suis pas du tout contre le cardio. Ce à quoi je m'oppose fermement est un travail basé uniquement sur le cardio, en ignorant tous les autres exercices physiques, car vous n'obtiendrez jamais un corps tonique de cette façon. J'imagine que vous lisez mon livre parce que vous souhaitez sculpter votre corps, brûler de la graisse et stimuler votre métabolisme le plus vite possible, afin de dire adieu aux kilos pour toujours. Mes exercices vous sculptent tout en maintenant votre fréquence cardiaque élevée. Si vous ne faites que du cardio – vélo en salle, running, jogging, marche rapide, natation (bien sûr, vous tonifiez vos muscles, mais pas de la même façon que mes exercices) –, alors je vous encourage à réduire en quantité et en durée. Ajoutez ensuite mes exercices de renforcement et d'entretien, sans quoi vous terminerez « maigre-gras ». Or, ce n'est pas du tout ce que nous recherchons.

Donc, si vous courez déjà 40 minutes trois fois par semaine, baissez à une ou deux sessions et ajoutez quatre de mes séances. Réduisez ensuite de moitié la durée de votre footing et variez l'intensité de la course, pour une postcombustion maximale. Au lieu de courir sur le même rythme pendant 40 minutes, vous feriez mieux de faire de l'entraînement fractionné de haute intensité, également appelé HIIT (ou *high-intensity interval training*), ce qui signifie que vous modulez votre fréquence cardiaque. Si vous débutez, faites un tour de parc pendant 20 minutes (jogging pendant 2 minutes, running pendant 1 minute, un sprint pendant 1 minute, de la marche, puis recommencez). Les combinaisons sont infinies et ne vous attardez pas aux ratios. En revanche, assurez-vous que vous travaillez le cardio et que votre fréquence cardiaque fluctue en passant de très fort à plus calme et ainsi de suite. Si vous n'êtes pas brillant de sueur, alors vous ne le faites pas correctement.

Plus vous donnez, plus vous recevez

Faites chaque jour *de votre mieux*, à la fois pendant la phase de transformation, puis pour tout le reste de votre vie. Inutile de marmonner : « Je fais de mon mieux. ». Vous devez tous les jours monter en gamme, afin d'aller aussi loin que nécessaire pour atteindre vos objectifs et réussir. Certains jours seront plus difficiles que d'autres, mais faites coûte que coûte votre circuit de 15 minutes. Forcez-vous et responsabilisez-vous.

Le jour suivant, vous vous sentirez plus radieux et ferez peut-être la routine deux ou trois fois. Ne vous arrêtez jamais. Ne vous faites pas d'illusions : si vous voulez obtenir des résultats stupéfiants, vous devrez bouger plus que 15 minutes trois fois par semaine. Si cependant c'est réellement tout ce que vous pouvez faire, alors faites-le et mettez toute votre énergie dans chaque mouvement. Mettez toutes les chances de votre côté. Si vous vous bougez les fesses à moitié, vous aurez un résultat en demi-teinte. Or, je veux que vous ayez de très belles fesses.

Toutes les meilleures choses dans la vie – un enfant, une carrière, nos relations, notre foi, notre précieux corps – méritent des efforts quotidiens. Dieu sait que je donne tout ce que j'ai pour assurer mes rendez-vous et tenir encore debout pour coucher mes enfants. Certains jours, il faut se battre davantage et s'entraîner comme dans *Danse avec les stars*, mais à la fin tout s'équilibre. Vous devez fournir un effort quotidien pour réussir.

Un effort
quotidien
pour un corps
mince à vie.

Les séances

J'ai sélectionné 20 de mes exercices préférés qui permettent de brûler la graisse, de sculpter le corps, de mincir et de raffermir chacun des délicats muscles de votre corps. Cerise sur le gâteau : ils peuvent être réalisés à la maison, sans aucun équipement.

Votre routine durera au minimum 15 minutes par jour, après un court échauffement incompressible de moins de 5 minutes. Votre corps va s'adapter très rapidement et vous pourrez vite doubler ou tripler le temps de vos séances pour des résultats encore plus stupéfiants.

Je souhaite que vous fassiez 6 séances par semaine – sans exception. Même si votre journée est surchargée et que vous êtes épuisé, faites *quelque chose* – quitte à réduire la séance à 10 minutes, le temps que votre bain coule. Telle est la clé pour transformer vos habitudes et bouger toute la vie. Les jours où je pleure de fatigue, il m'arrive de ne faire que huit minutes d'entraînement, pendant que la baignoire se remplit (prélude à un délicieux moment de détente), et je suis toujours heureuse d'avoir réussi à faire mes exercices. Rappelez-vous : si vous n'arrêtez pas, vous n'arrêterez jamais. Bougez sans cesse.

J'ai réparti les exercices en deux groupes. Les exercices « Classique » (voir page 174) qui font davantage travailler vos groupes musculaires les plus gros. Ce sont ceux qui augmentent vraiment votre fréquence cardiaque, ainsi que le débit de votre robinet brûle-graisse, et qui renforcent les muscles les plus gros qui élèvent votre MB sur le long terme (voir page 153). Les exercices « Sculpt » (voir page 186) sont généralement un peu plus élégants et se concentrent également sur les groupes de gros muscles, mais ils mobilisent aussi les plus petits muscles pour les sculpter le plus élégamment possible. Ils vous façonnent des muscles qui ne sont pas trapus, brûlent la graisse et vous sculptent de façon sensationnelle.

Pour chaque entraînement quotidien, choisissez deux exercices « classiques » et deux exercices de Sculpt. Vous ferez chaque exercice pendant 1 minute, puis passerez rapidement au suivant, en alternant mouvements classiques et mouvements Sculpt. Chaque enchaînement d'exercice durera 5 minutes environ (en vous laissant un peu de temps entre chacun) et vous répéterez cela trois fois, pour une séance de 15 minutes. Utilisez le chronomètre sur votre téléphone pour contrôler les temps de votre séance.

Une séance de 15 minutes ressemble à ça :

1 min Classique
1 min Sculpt
1 min Classique
1 min Sculpt
1 min Classique
1 min Sculpt
1 min Classique
1 min Sculpt
1 min Classique
1 min Sculpt
1 min Classique
1 min Sculpt
1 min Classique
1 min Sculpt
1 min Classique

Comment choisir mes exercices chaque jour ?

Il n'existe pas d'ordre précis dans lequel suivre les exercices, alors ne vous souciez pas de cela. En fait, j'aime que vous fassiez vos exercices de manière aléatoire, car vous avez ainsi des séances variées. Rappelez-vous juste de celles que vous avez faites, afin de toujours savoir quels exercices vous pratiquez souvent et ceux que vous évitez. Nous avons tous tendance à privilégier les exercices que nous aimons et auxquels nous sommes bons. Aussi, cherchez à faire davantage les exercices qui vous mettent le plus au défi, tant mentalement que physiquement. C'est quelque chose auquel il vous faudra toujours veiller, car il est primordial pour façonner et conserver un corps équilibré et fonctionnel.

Quelle durée par séance ?

Visez au minimum 15 minutes par séance la plupart du temps (soit 20 minutes avec l'échauffement). Je sais par expérience que même les personnes les plus affairées réussissent à trouver le temps. Nous sommes tous très occupés. Or, rappelez-vous : vous allez vous y tenir sans exception. Vous êtes désormais la priorité.

J'aimerais que vous vous exerciez six jours par semaine, en augmentant la durée dès que votre corps vous indique qu'il est prêt à monter d'un cran. Vous saurez quand, je vous le promets. Dans quelques semaines, vous pourrez enchaîner deux séances de 15 minutes, puis trois quinze jours plus tard.

Si, pour commencer, vous ne pouvez pas consacrer plus de 20 minutes par jour à votre entraînement, essayez en semaine trois et quatre de passer à 30 minutes et augmentez de nouveau en semaine cinq et six.

Les jours où vous êtes débordé, faites ce que vous pouvez. Tout ce qui compte est de faire un maximum d'efforts tous les jours. Ne vous flagellez pas si vous ne parvenez pas à faire 1 heure de sport par jour en six semaines. Cela arrive à tout le monde. Ma méthode consiste à trouver ce qui fonctionne individuellement, pour chacun et pour toujours. Alors, rendez des comptes à vous-même et battez-vous. Je ne veux pas que vous ressentiez la moindre culpabilité par manque de perfection. La perfection n'est pas nécessaire et c'est une illusion qui n'avance à rien.

Pour l'instant, contentez-vous de vous en tenir aux 15 à 20 minutes par jour et voyez comment vous avancez. Il faudra certains jours vous faire violence pour mettre vos baskets, mais une fois que vous êtes lancé et que vous mettez vos morceaux de musique préférés, vous voulez soudain enchaîner avec une deuxième séance. C'est souvent le cas pour moi.

Si vous sentez que vous pouvez ou voulez en faire plus, répétez la séance de 15 minutes en faisant les mêmes exercices ou en variant avec un autre enchaînement de 4 exercices. Plus vous vous engagerez, plus la transformation sera rapide et le temps est le meilleur moteur. Dès que vous commencerez à sentir et à voir la transformation, vous voudrez en faire plus. Alors, battez-vous et faites de votre mieux.

Tout est question de cadence

L'inefficacité et la distraction ne font pas partie de ma méthode d'entraînement physique. Vous n'êtes pas censé répondre au téléphone et devez éviter au maximum les distractions. Vous n'en avez pas pour longtemps et je veux que vous soyez concentré sur chaque mouvement.

Certains jours, j'ai un enfant accroché à ma jambe et je m'entraîne sur *Peppa Pig*. Faites du mieux que vous pouvez, mais posez des limites avec votre famille et expliquez que c'est *votre* moment et qu'il ne faut pas vous déranger.

En maintenant un rythme élevé et en tonifiant votre corps pour des résultats à long terme, vous brûlez également la graisse à une bonne cadence. Grâce à l'entraînement cardio-musculaire, vous faites d'une pierre deux coups, mais toute distraction en annulera les effets. Donc, faites tout votre possible pour éviter le bruit autour de vous.

Vous passerez rapidement d'un exercice à un autre, sans faire de pause, car je veux que votre fréquence cardiaque reste aussi élevée que possible, tout comme votre élan pour l'entraînement. En vous familiarisant avec les mouvements, votre cadence et les répétitions augmenteront à chaque minute d'activité.

Le contrôle est la clé

Même si vous devez garder un rythme soutenu en passant d'un mouvement à un autre, chaque exercice doit être réalisé avec contrôle et précision. Concentrez-vous sur la forme et la technique et vous tirerez beaucoup plus de chaque mouvement. Au cours de la première semaine, prenez particulièrement votre temps pour apprendre la précision de chaque mouvement, car ce se sont les détails les plus infimes qui feront toute la différence dans vos résultats et vous éviteront de vous faire mal.

Ce n'est pas une course contre la montre et vous n'allez pas tenir les comptes du nombre de répétitions par minute. Travaillez à un bon rythme et faites preuve de bon sens. Écoutez votre corps et, si vous souffrez, arrêtez.

Respirez

Vous devez respirer. Pensez à votre respiration au cours de chaque exercice et concentrez-vous sur le bon rythme pour respirer. Tout est une question de rythme. Il est très facile de prendre la mauvaise habitude de retenir sa respiration, alors assurez-vous de bien respirer dès le début. Je préfère inspirer sur la partie la plus simple de l'exercice, puis expirer au moment de l'effort, mais trouvez ce qui fonctionne pour vous.

Contrôler votre schéma de respiration en vous entraînant permet d'apporter de l'oxygène à vos muscles quand vous en avez besoin et c'est crucial pour vous concentrer – cela permet à votre esprit de se connecter réellement à vos muscles. Cela peut résonner comme une ineptie hippie, mais vos muscles ont besoin de votre cerveau pour engager chaque mouvement et en tirer le meilleur profit.

Rentrez votre ventre

Vous allez très vite découvrir que j'ai inclus des exercices pour faire rentrer le ventre. Cette zone, au centre de votre corps, vous permet d'avoir une belle posture et une bonne mobilité fonctionnelle – ce qui n'est pas négligeable.

Je ne crois pas aux enchaînements de *crunchs* (ou enroulements vertébraux) en vue d'un ventre parfait. Mon programme d'entraînement vise à perdre du gras tout autour du corps. Ce travail à l'unisson et équilibré de toutes les parties du corps va brûler votre graisse abdominale, en association avec les autres piliers de ma méthode.

Toutefois, pour chacun des exercices que vous ferez, je veux que vous rentriez votre ventre. Il doit toujours être mobilisé. Votre cerveau va vite apprendre comment y parvenir, sans même y penser. Cela demande juste de la pratique et de la constance.

Pour rentrer votre ventre, il faut simplement contracter vos muscles périnéaux (comme si vous essayiez d'arrêter le flux en urinant) puis rentrez doucement votre nombril vers votre colonne vertébrale. Cela va maintenir votre dos et votre posture au cours de chacun des exercices et réduire le risque de blessure. Mais surtout, cela va accélérer vos résultats.

Ne sautez jamais votre échauffement

Si vous sautez votre échauffement, il est fort probable que vous ressentiez une douleur soudaine à un moment ou à un autre. Il est essentiel de passer 5 minutes à mobiliser vos muscles et vos articulations tout en accélérant doucement votre fréquence cardiaque, afin de vous préparer pour votre séance. Si vous vous entraînez tôt le matin, rappelez-vous que votre corps s'est reposé pendant huit heures et a donc besoin d'un échauffement un peu plus long. Si vous venez de rentrer chez vous en marche rapide et que vous vous entraînez dans la foulée, vous serez déjà partiellement échauffé, mais il vous faudra toujours mobiliser vos articulations pour le travail à venir.

Comme pour la séance, faites chaque mouvement d'échauffement pendant 1 minute, puis enchaînez directement avec l'exercice suivant. Ne forcez jamais votre enchaînement, le rythme augmentera avec le temps. Contentez-vous d'écouter votre corps et ne le forcez pas à en faire plus qu'il ne peut. Seul *vous* pouvez l'entendre et vous allez apprendre à vous connecter à lui et savoir ce dont il est capable. Il faut juste un peu de temps pour vous accorder.

Ne sautez jamais votre échauffement.

EXERCICES

ÉCHAUFFEMENT DYNAMIQUE

1. MOULINS À VENT

① Debout, bras tendus sur les côtés. Relâchez les épaules et le cou, puis rentrez le ventre.

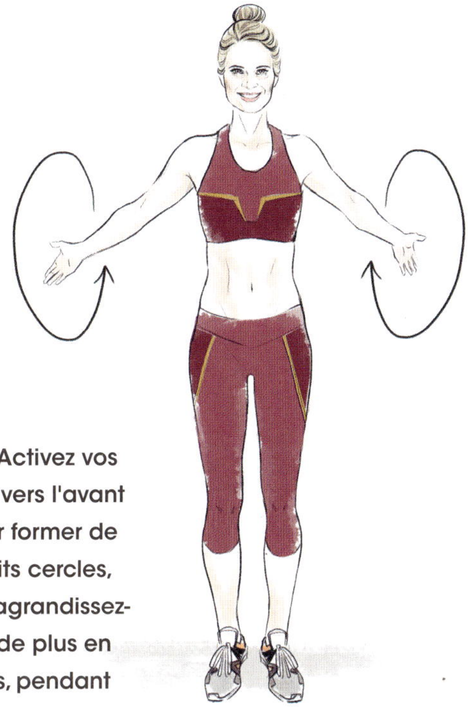

② Activez vos bras vers l'avant pour former de petits cercles, puis agrandissez-les de plus en plus, pendant 30 secondes.

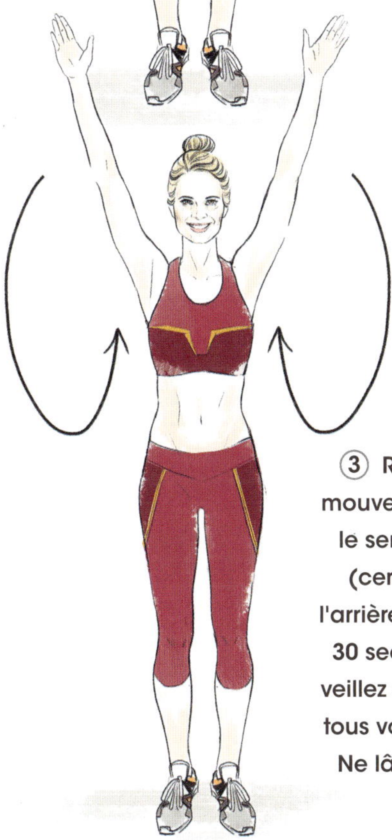

③ Répétez le mouvement dans le sens inverse (cercles vers l'arrière), pendant 30 secondes, et veillez à mobiliser tous vos muscles. Ne lâchez rien.

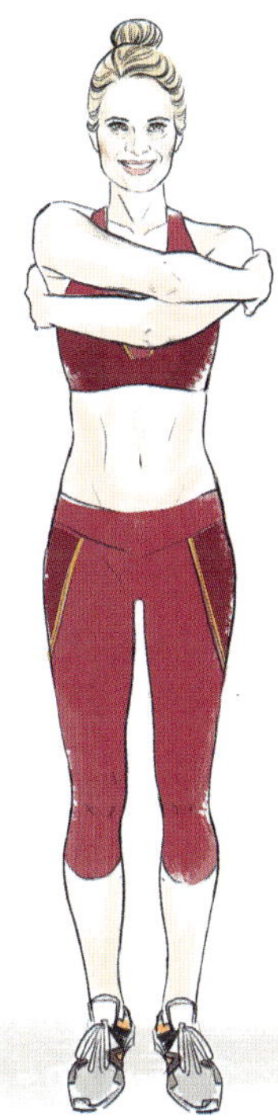

④ Prenez maintenant vos épaules dans vos bras pendant quelques secondes, d'un côté, puis de l'autre, et ressentez un bon étirement.

2. SQUAT ET ÉTIREMENT DES ÉPAULES

① Mettez-vous en position de squat contre un mur, à une hauteur à laquelle vous pouvez tenir 1 minute, pieds écartés à la largeur de la hanche. Vos genoux ne doivent pas dépasser la ligne de vos orteils. Rentrez le ventre. Votre dos, vos épaules, vos bras et vos mains doivent être au contact du mur. Votre flexibilité dicte la hauteur de vos coudes en position de départ.

② Glissez lentement vos bras vers le haut, en vous concentrant pour garder le contrôle et le contact avec le mur, jusqu'à ce que vos bras soient complètement tendus au-dessus de votre tête. Rentrez votre nombril en poussant le bas du dos sur le mur. Veillez à bien conserver une flexion immobile et stable.

③ Revenez à la position de départ, baissez doucement les coudes sans à-coup et restez en contact avec le mur. Répétez le mouvement de manière fluide et soutenue. Le secret est de maintenir le nombril rentré et le bas du dos contre le mur tout en vous concentrant. C'est plus dur qu'il n'y paraît !

3. DESCENTE EN PLANCHE

① Départ debout, pieds légèrement écartés. Mettez les deux mains au sol, devant vos pieds. Pliez les genoux pour rendre le mouvement plus facile – vous devez ressentir un léger étirement à l'arrière de vos jambes, sans trembler pour autant. Tenez la position quelques secondes, en laissant pendre votre tête.

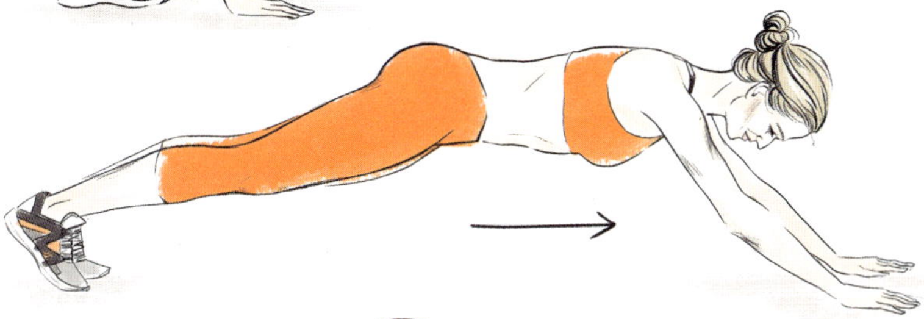

② Les pieds fermement plantés dans le sol, avancez lentement les mains, jusqu'à ce qu'elles soient juste devant votre tête (talons et cou doivent former une ligne droite). Pour modérer l'exercice, descendez jusqu'à l'endroit le plus confortable. Tenez 3 secondes, en rentrant bien le ventre.

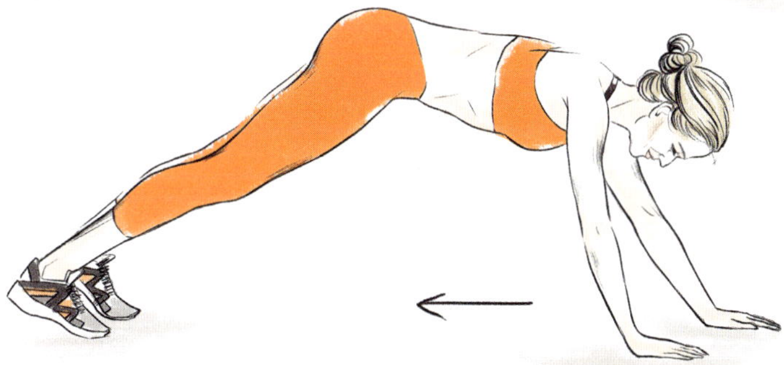

③ En gardant le contrôle, ramenez vos mains en arrière, pour revenir à la position de départ et permettre à vos hanches de remonter vers le haut. Veillez à rentrer le ventre pendant tout le mouvement.

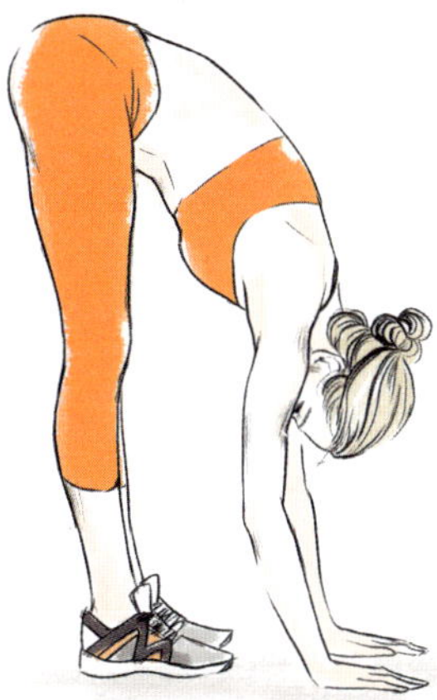

④ De retour dans la position initiale, détendez votre tête et votre cou en laissant pendre le haut de votre corps pendant que vous vous étirez doucement quelques secondes. Répétez cette série pendant 1 minute.

4. BATTEMENTS LATÉRAUX

① Départ debout, les pieds très écartés,. Rentrez le ventre et étirez élégamment les bras de chaque côté pour l'équilibre.

② Balancez maintenant votre jambe droite, en pointant le pied, dans un mouvement de balancier latéral, comme un pendule. Il suffit de balancer votre jambe devant l'autre, d'un côté à l'autre.

③ Continuez de croiser et d'ouvrir la jambe droite, pendant 30 secondes, en gardant un mouvement fluide et soutenu. Concentrez-vous et augmentez l'amplitude du mouvement jusqu'à ressentir un léger étirement. Vous gagnerez en amplitude avec le temps.

④ Revenez à la position de départ et répétez le mouvement avec la jambe gauche en vous concentrant sur le contrôle et l'équilibre.

5. MARCHE STATIQUE

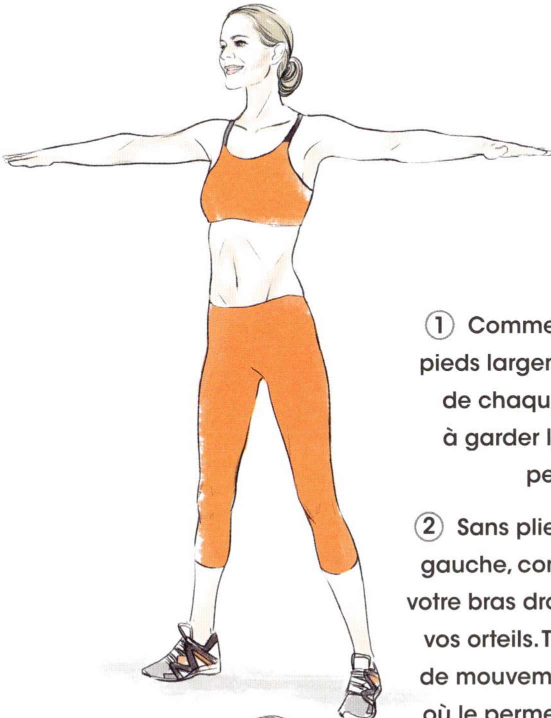

① Commencez debout, la tête droite, les pieds largement écartés et les bras tendus de chaque côté pour l'équilibre. Veillez à garder le dos droit et le ventre rentré pendant tout l'exercice.

② Sans plier les genoux, levez votre jambe gauche, comme une majorette, et amenez votre bras droit sur votre jambe pour attraper vos orteils. Travaillez selon votre amplitude de mouvement et atteignez votre jambe là où le permet votre corps, en conservant le dos et les jambes droits.

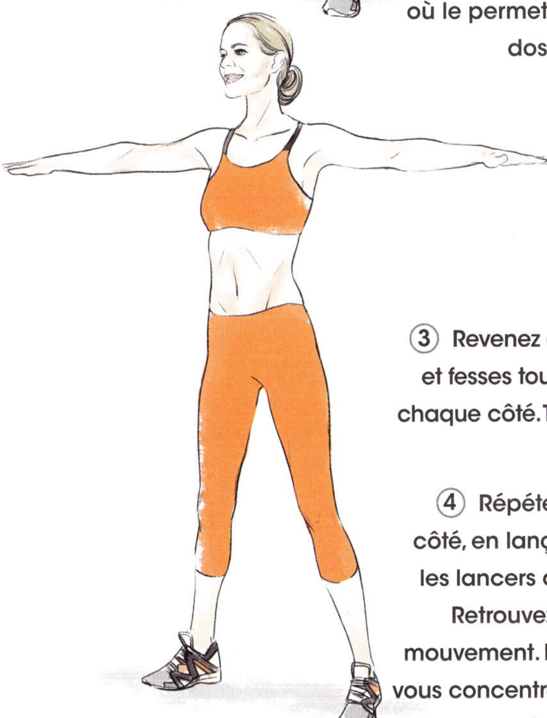

③ Revenez dans la position initiale, ventre et fesses toujours rentrés, bras tendus de chaque côté. Trouvez l'équilibre et tenez-vous très droit.

④ Répétez le mouvement de l'autre côté, en lançant la jambe droite. Alternez les lancers de jambe pendant 1 minute. Retrouvez l'équilibre entre chaque mouvement. Prenez quelques instants pour vous concentrer sur votre rythme et garder le contrôle sans jamais forcer.

CLASSIQUE

POMPES ÉCARTÉES

① Commencez en poussant sur les bras, le dos droit et le ventre bien rentré. Vos mains doivent être légèrement plus écartées que vos épaules.

② Décalez maintenant légèrement votre main droite sur le côté, vers l'extérieur.

③ Baissez-vous en direction du sol. Faites ce mouvement très lentement certains jours et d'autres fois plus rapidement. Alternez.

④ Poussez votre corps vers le haut en gardant le contrôle, puis retournez à la position de départ, bras droits. Si la première série a été trop difficile, vous pouvez descendre à moitié. Décalez cette fois-ci la main gauche sur le côté. Alternez ces mouvements pendant 1 minute, en faisant des pompes précises et en rentrant le nombril.

GAINAGE TWIST LATÉRAL

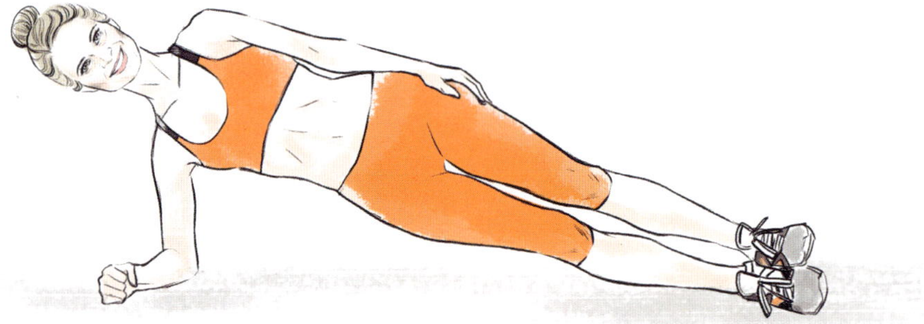

① Tenez-vous sur le côté droit, le coude sous votre épaule. Vos jambes, genoux, chevilles et pieds doivent être collés l'un à l'autre. Rentrez et serrez le ventre pour engager vos obliques, pour décoller vos hanches du sol et pour former une ligne droite avec votre corps.

② Poussez votre avant-bras dans le sol, concentrez-vous pour garder l'équilibre tandis que vous vous étirez et levez le bras gauche.

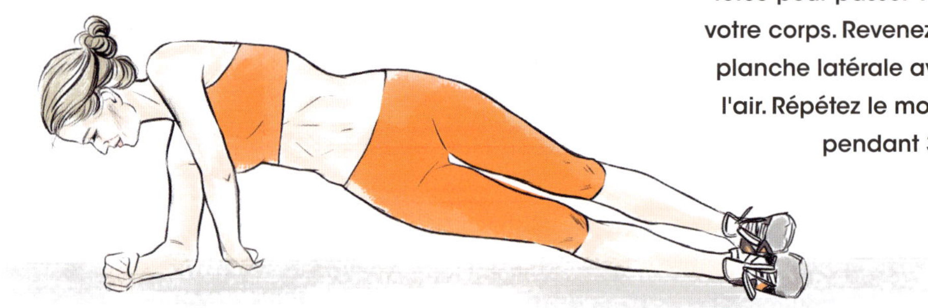

③ Gardez les hanches levées et pivotez le torse pour passer votre bras gauche sous votre corps. Revenez ensuite en position de planche latérale avec le bras gauche en l'air. Répétez le mouvement avec fluidité pendant 30 secondes.

④ Allongez-vous sur le côté gauche et répétez ces mouvements 30 secondes.

SQUATS ENDIABLÉS

① Écartez les pieds et descendez en squat avec les cuisses parallèles au sol.
Veillez à ce que vos genoux ne dépassent pas la ligne de vos orteils. Tenez vos mains serrées à l'avant, au centre de votre corps.

② En vous relevant, prenez appui sur votre talon gauche et tendez la jambe droite en un coup de pied latéral, puis faites 5 battements lents de haut en bas avec l'extrémité de la jambe.

③ Reposez votre jambe au sol, descendez en squat, prêt à prendre appui sur le talon opposé.

④ Répétez les mouvements avec la jambe gauche et continuez en alternant, pendant 1 minute.

SQUAT SUMO PUNCHY

① Asseyez-vous en squat, jambes écartées et pieds ouverts à 45 ° vers l'extérieur. Joignez les mains au centre de votre corps , dos bien droit et ventre rentré.

② Alternez 8 coups de poing de chaque côté. Veillez à ajouter de la tension à vos coups de poing et à maintenir la stabilité de votre squat.

③ Redressez-vous en position de départ et remettez vos poings au centre de votre corps, en rentrant votre nombril et en redressant le dos.

④ Asseyez-vous de nouveau en squat et lancez de nouveau 8 coups de poing alternés. Redressez-vous, puis recommencez pendant 1 minute.

PLANCHE PARFAITE

① Commencez avec les genoux au sol, parallèles aux hanches, puis baissez-vous sur vos avant-bras qui doivent être écartés en parallèle de vos épaules, avec les doigts qui pointent vers l'avant dans l'alignement des épaules.

② Reculez vos pieds afin que votre corps forme une ligne droite de la tête aux talons. Rentrez votre nombril en direction de votre colonne vertébrale, mais sans créer de tension dans votre cou et vos épaules.

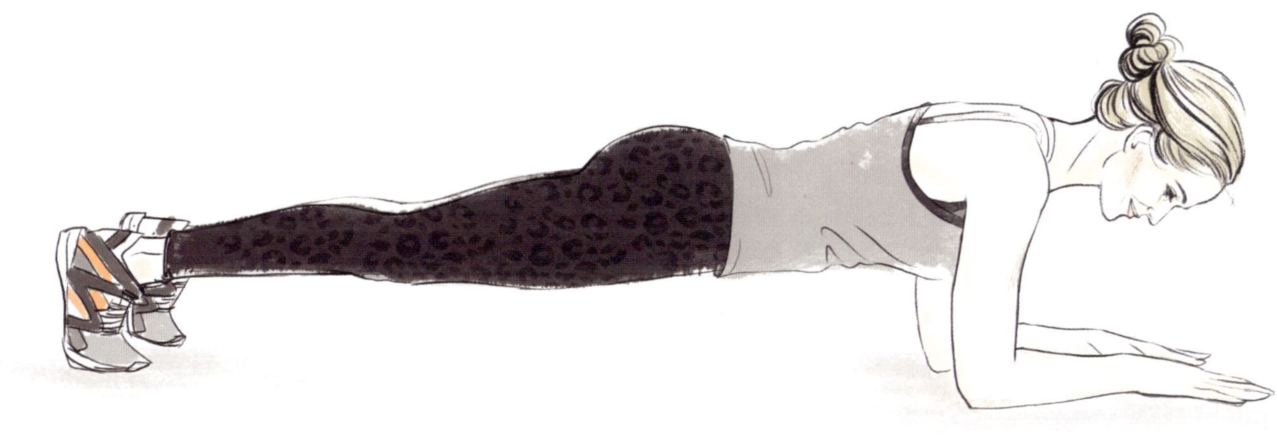

③ Concentrez-vous sur le fait de rentrer les omoplates dans le dos et d'augmenter la distance entre vos épaules et vos oreilles. Ne laissez pas votre dos s'affaisser. Gardez les hanches alignées avec les épaules.

④ Tenez la position pendant 1 minute, si possible, mais faites une pause si nécessaire (vous pourrez bientôt tenir plus d'une minute).

PLANCHE GLOBALE

① Commencez en position de « planche parfaite » (voir page 179), les épaules alignées avec les coudes et les pieds légèrement écartés. Écartez le bras droit vers l'extérieur et touchez le sol du bout des doigts. Revenez à la position de départ.

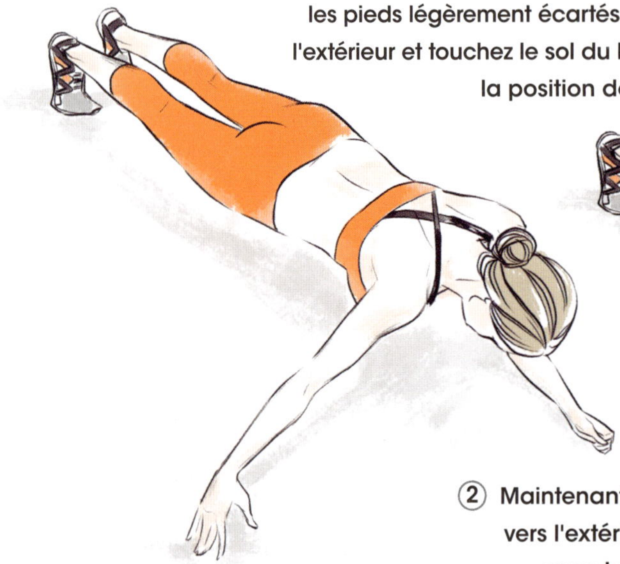

② Maintenant, écartez le bras gauche vers l'extérieur et touchez le sol avec le bout des doigts. Revenez à la position de départ.

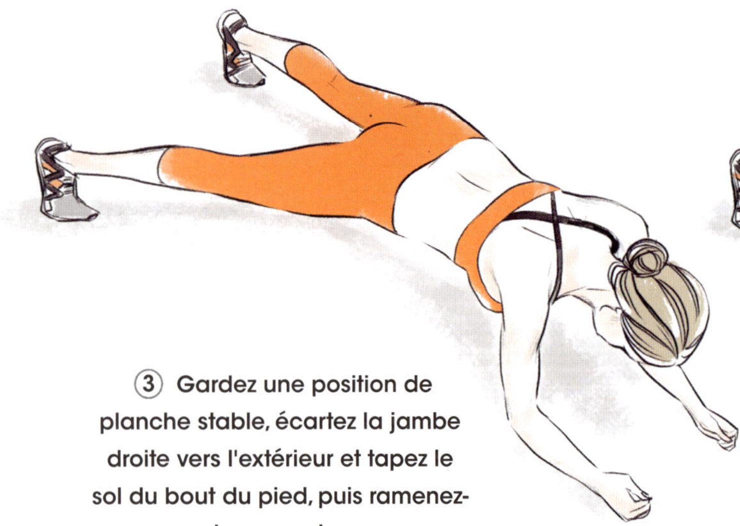

③ Gardez une position de planche stable, écartez la jambe droite vers l'extérieur et tapez le sol du bout du pied, puis ramenez-le au centre.

④ Faites de même avec la jambe gauche, continuez ce « voyage autour du monde » pendant 1 minute et axez-vous sur la vitesse.

FENTE AVANT BRAS EN L'AIR

① Debout, bien droit, ventre rentré, bras tendus au-dessus de la tête. Les épaules sont détendues et les paumes des mains se font face. Tenez votre poitrine haute. Tirez doucement vos omoplates vers l'arrière pour qu'elles se rejoignent.

② Avancez la jambe droite en fente, tenez-vous sur la plante de votre pied arrière. Pliez les genoux et descendez les hanches en direction du sol, sans poser le genou au sol et sans que le genou avant dépasse la ligne des orteils.

③ Poussez sur votre jambe avant et avancez votre pied arrière pour revenir en position de départ. Veillez à garder la tête haute, à détendre vos épaules et à garder le cou aligné avec la colonne vertébrale.

④ Avancez la jambe gauche en la fléchissant, puis revenez à la position de départ. Continuez en alternant les jambes et faites des fentes pendant 1 minute, en vous concentrant sur la forme et non la vitesse.

PIKE PUSH-UP

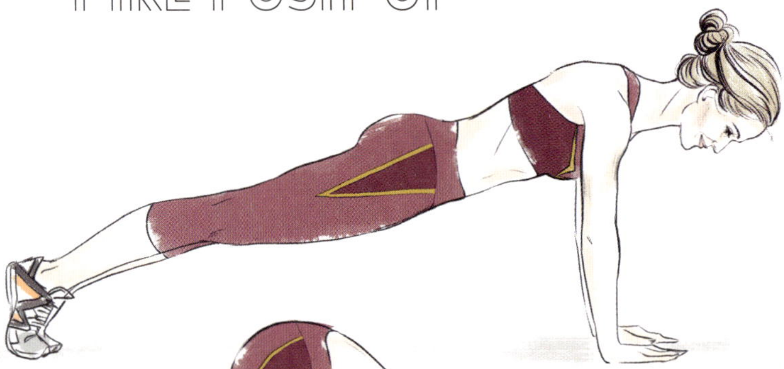

① Commencez en position de push-up classique. Mains écartées et alignées aux épaules. Doigts pointant légèrement vers l'intérieur.

② En gardant les jambes droites, ramenez les mains vers l'arrière pour que les hanches remontent en direction du plafond. Votre corps forme alors un V à l'envers. Vos bras doivent être en ligne avec la colonne vertébrale et sortir tout droit des épaules.

③ En poussant les hanches vers le haut, pieds légèrement levés, fléchissez les épaules sur le côté et baissez doucement la tête en avant vers le sol dans un petit push-up.

④ Poussez pour remonter. Maintenez cette position, puis répétez les push-up pendant 1 minute, en faisant une pause si nécessaire.

SQUAT JUMP CLASSIQUE

① Debout, pieds écartés à la largeur des hanches, pointes des pieds vers l'avant et ventre rentré. Concentrez-vous (ce mouvement pliométrique requiert de la concentration et un excellent contrôle).

② Descendez en squat en position assise, les bras le long du corps et le ventre rentré. Préparez-vous à sauter.

③ Sautez vers le haut en poussant fortement pour décoller du sol et tendez les bras au-dessus de la tête. Gardez le corps aligné et le ventre rentré.

④ Retombez au sol le plus délicatement possible et avec contrôle. Asseyez-vous ensuite en squat, puis répétez le saut pliométrique. Concentrez-vous sur la forme et sur le rythme, jusqu'à maîtriser le mouvement. C'est seulement après que vous pourrez augmenter le nombre de répétitions en 1 minute.

FENTE LATÉRALE

① Debout, pieds écartés à la largeur des hanches. Écartez votre pied droit en fente sur le côté. En vous baissant en fente, touchez votre pied droit avec votre bras gauche. Ne laissez pas votre genou droit dépasser la ligne de vos orteils. Gardez le buste levé et maintenez votre poids sur les talons.

② Poussez sur le pied droit pour vous remettre debout, puis répétez la fente sur le côté opposé. Comme toujours, veillez à rentrer le ventre. Continuez d'alterner les séries pendant 1 minute. Seulement après avoir maîtrisé le mouvement, augmentez la cadence.

SCULPT

1. FESSIERS COQUILLAGE

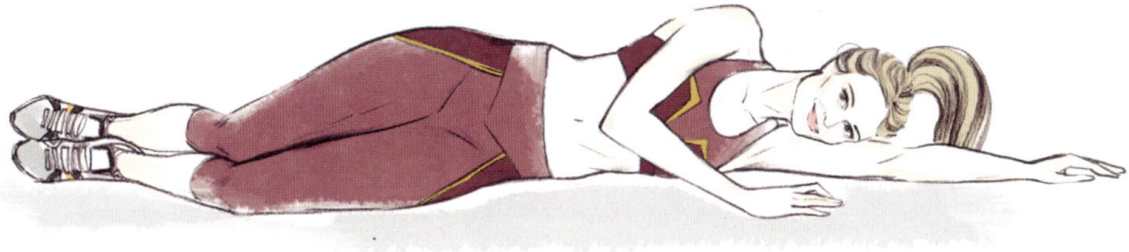

① Étendez-vous sur le côté gauche, bras gauche tendu sous votre tête, aligné avec votre colonne vertébrale. Posez votre main droite à plat sur le sol devant vous. La colonne est droite et alignée avec l'avant des hanches, les genoux vers l'avant et les hanches serrées comme si votre dos était contre un mur.

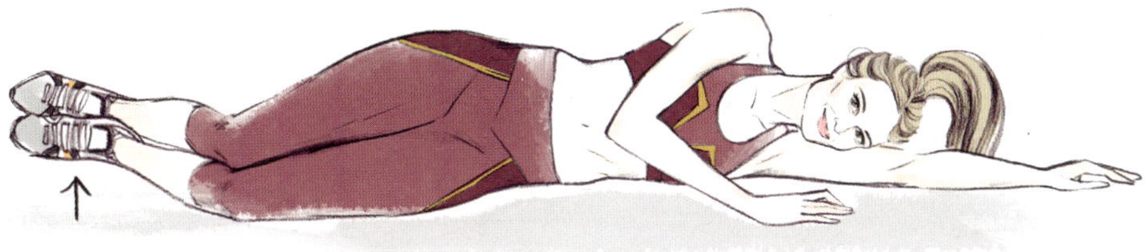

② Gardez les genoux et les orteils collés. Décollez les pieds du sol. Vos épaules et vos hanches doivent rester bien alignées et votre colonne doit être étirée tout au long de l'exercice.

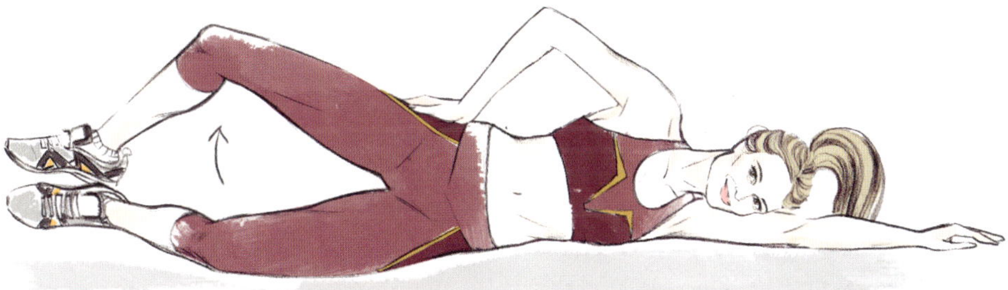

③ Montez le genou droit. Vos jambes s'ouvrent comme un coquillage. Mettez votre main droite sur vos fessiers et sentez le muscle qui se contracte alors que vous tenez la position 30 secondes.

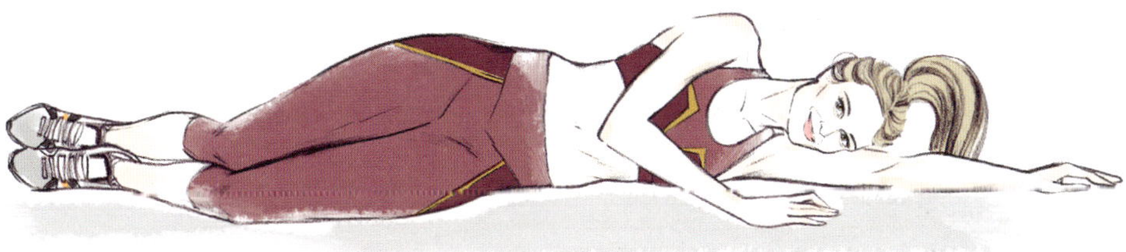

④ Reposez votre genou et vos pieds au sol. Tournez-vous pour travailler l'autre côté. Gardez vos hanches et épaules alignées à la colonne vertébrale droite et veillez à ne pas vous pencher en arrière. Concentrez-vous sur vos fessiers et assurez-vous que ce sont eux qui font le travail.

2. PONT INVERSÉ TWISTÉ

① Assis sur le sol, les genoux pliés, les pieds fermement plantés dans le sol, les mains sous les épaules et les doigts pointant derrière vous. Décollez vos fesses du sol de quelques centimètres. C'est votre position de départ.

② Poussez très fort sur les talons en montant les hanches et levez votre bras droit par-dessus vore corps. Comptez jusqu'à trois.

③ Revenez lentement dans la position de départ.

④ Tendez le bras gauche par-dessus votre corps et comptez jusqu'à trois. Continuez de changer de côté pendant 1 minute, en vous focalisant sur la fluidité et le contrôle.

3. BRAS ET FESSIERS

① Assis sur les talons écartés à la largeur des hanches (ou sur une serviette pliée). Poitrine ouverte et épaules tombantes alors que vous pressez doucement les omoplates.

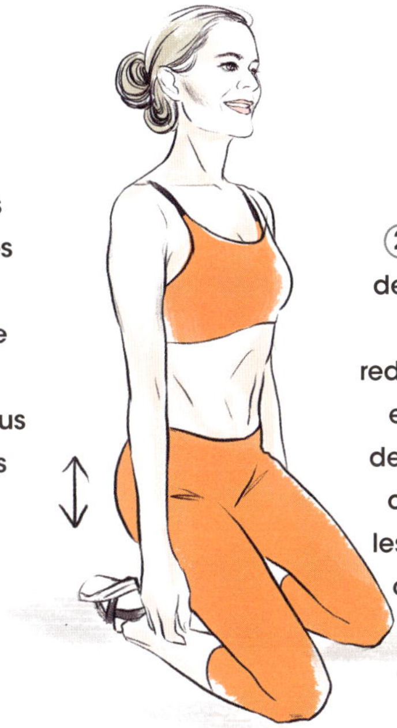

② Décollez les fesses des talons de quelques centimètres, puis redescendez. Décollez-les et redescendez dans des petits va-et-vient, en contractant vraiment les fessiers au début de chaque mouvement et en les gardant décollés des talons.

③ Continuez vos va-et-vient de haut en bas, étendez les bras sur le côté avec les paumes face vers le haut et les coudes souples. Mobilisez les biceps en commençant à faire de petits cercles et alternez les moulinets vers l'arrière puis vers l'avant en comptant jusqu'à 10. Gardez le contrôle et concentrez-vous sur les cercles dessinés par vos bras et les va-et-vient de vos fessiers pendant 1 minute.

4. PETITS TRICEPS

① Assis sur le sol, les genoux pliés et les mains directement posées sous les épaules avec les doigts qui pointent vers l'avant.

② Décollez les fesses du sol de quelques centimètres. Tendez la jambe droite à 45° du sol.

③ Avec votre fessier et votre ventre rentrés, faites de petits dips pour travailler vos triceps, en rentrant vos coudes. Répétez le mouvement pendant 30 secondes.

④ Changez de côté et faites des dips pendant 30 secondes pour travailler les triceps avec la jambe tendue.

5. FESSIERS GRACIEUX

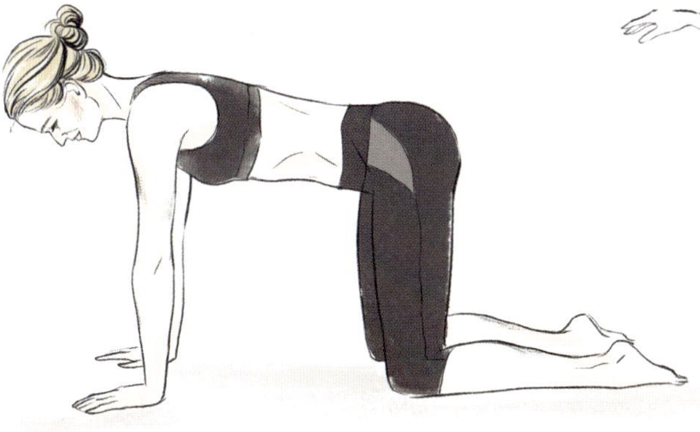

① Agenouillez-vous sur vos mains et vos genoux, cou détendu et aligné avec la colonne vertébrale. Il est essentiel de bien rentrer le nombril vers la colonne vertébrale en faisant ce mouvement, afin de protéger le bas de votre dos.

② Levez et étirez votre jambe gauche vers le haut. Concentrez-vous sur vos fessiers qui agissent pour la lever. Levez simultanément le bras droit et allongez-le gracieusement. Tenez la position en comptant jusqu'à trois.

③ Relâchez-vous et revenez à la position de départ, détendez votre cou en position neutre et rentrez le ventre.

④ Répétez le mouvement de l'autre côté et continuez d'alterner le mouvement fluide et gracieux pendant 1 minute. Écoutez votre corps et ne forcez pas au-delà de votre amplitude.

6. CHIEN TÊTE EN BAS, LEVER DE JAMBE

① Commencez en position chien tête en bas. Votre corps forme un A. Vos bras sont droits, les doigts pointés vers l'avant et le poids réparti de façon homogène sur les mains. Détendez le haut de votre dos et votre tête. Étendez doucement vos jambes sans les verrouiller.

② Poussez les bras loin du sol en les raidissant, en même temps que vous levez le bassin. Basculez votre poids sur la jambe gauche et étendez la jambe droite, pied pointé. Allongez sans cesse votre colonne vertébrale.

③ Levez la jambe droite et formez une ligne droite de votre main droite à votre pied droit. Bras et jambes fermes, poitrine ouverte et ventre rentré tout au long de l'exercice.

④ Passez votre jambe droite par-dessus la jambe gauche, dans un demi-cercle. Baissez la pointe du pied droit à côté du pied gauche. Continuez le mouvement, en alternant les jambes, pendant 1 minute. Pour relâcher, expirez en pliant doucement le genou et revenez sur vos mains et genoux.

7. BATTEMENTS LATÉRAUX

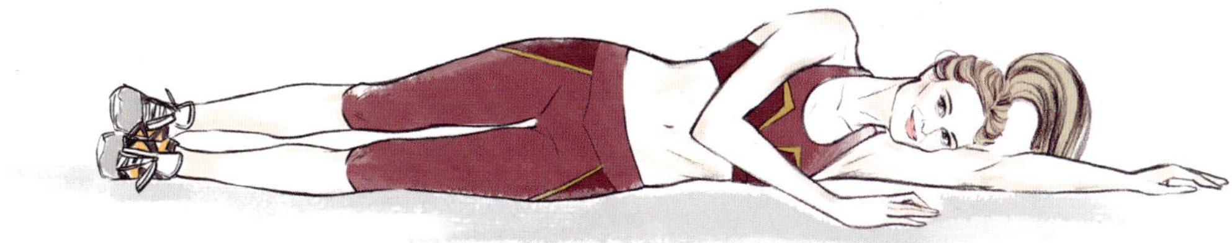

① Positionnez une chaise à vos pieds, allongez-vous sur le côté gauche, colonne vertébrale allongée, hanches et jambes collées et alignées, main droite posée délicatement devant votre buste.

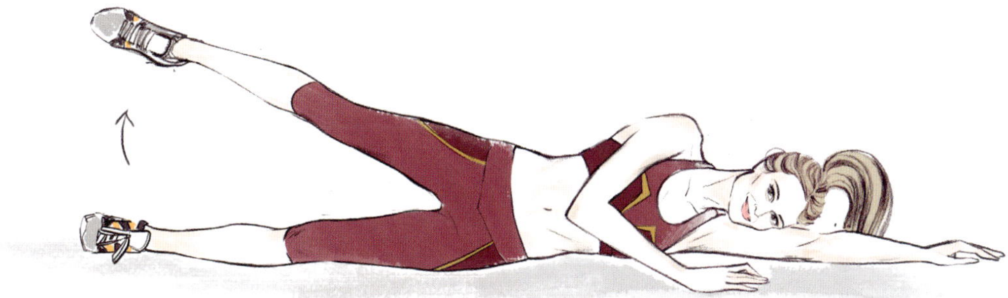

② Levez votre jambe droite, pied pointé, jusqu'à la hauteur de l'assise de la chaise. Gardez le pied pointé et levez la jambe plus haut dans un cercle gracieux.

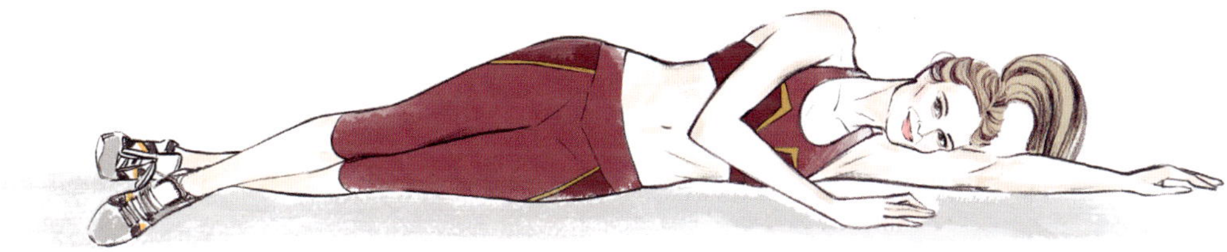

③ Baissez la jambe, pied pointé. Touchez le sol à quelques centimètres du côté de la chaise.

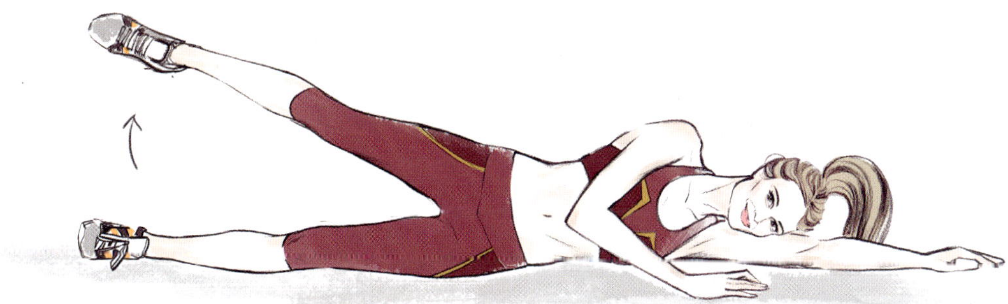

④ Gardez le buste bien stable et le corps détendu. Tirez la jambe droite vers l'arrière, dans un mouvement circulaire de la hauteur de la chaise. Répétez le mouvement, sans vous arrêter, pendant 30 secondes, puis retournez-vous et répétez l'enchaînement de l'autre côté. Veillez à bien rentrer le ventre pour vous stabiliser, pour détendre le bras de soutien et pour maintenir le haut du corps détendu.

8. IMPULSIONS LATÉRALES

① Asseyez-vous sur le sol, genoux pliés à 90°, jambe gauche devant vous et jambe droite derrière vous. Penchez-vous un peu vers l'avant et placez votre main gauche sur le sol à côté de votre hanche gauche.

② Gardez les genoux au sol et utilisez vos fessiers et vos obliques pour lever votre buste du sol en étirant le bras droit au-dessus de votre corps.

③ Donnez des impulsions pendant 30 secondes, sur le haut du mouvement, en gardant le contrôle. Faites de petits mouvements précis.

④ Relâchez, changez de côté et répétez l'exercice pendant 1 minute.

9. POSITION DE LA BALLERINE

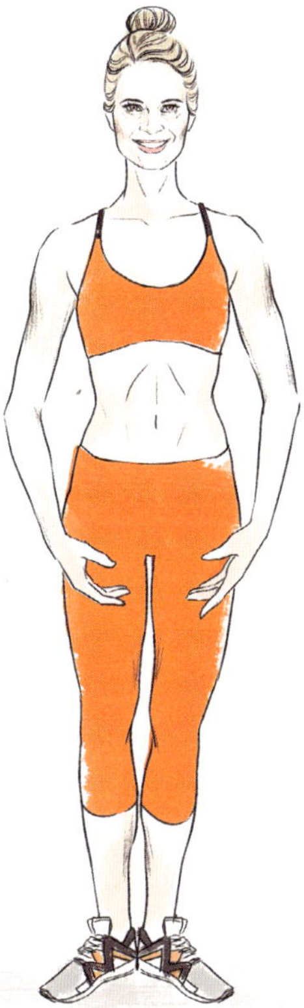

① Debout devant un miroir, les jambes jointes et les pieds légèrement tournés vers l'extérieur. Fessiers fermes, étirez votre dos et rentrez bien le ventre.

② Ouvrez les bras sur les côtés pour trouver l'équilibre. Paumes vers l'arrière, omoplates légèrement rentrées. Penchez-vous pour lever le genou droit de côté, pied pointé. Faites glisser la pointe du pied contre le genou gauche, comme en danse classique.

③ Étirez la jambe droite à partir du genou, sur le côté, en gardant la cuisse levée. Comptez jusqu'à deux, puis pliez le genou et revenez à la position précédente. Répétez ce mouvement pendant 30 secondes.

④ Répétez ce mouvement de pointe avec la jambe gauche, en vous regardant dans le miroir.

10. TRICEPS ET ABDOS

① Commencez par vous allonger en vous appuyant sur les coudes et les avant-bras, mains plaquées au sol, jambes droites et tendues devant vous. Votre buste doit être bien ouvert, épaules alignées avec les coudes et ventre rentré. Levez la jambe gauche et croisez-la par-dessus la jambe droite.

② Poussez sur vos mains, étirez les bras et levez le buste en levant simultanément la jambe gauche en direction de votre poitrine. Gardez votre ventre rentré et tenez cette position en comptant jusqu'à trois.

③ Utilisez vos triceps et vos abdominaux pour revenir à la position de départ. Levez la jambe droite et croisez-la par-dessus la jambe gauche.

④ Répétez le mouvement avec la jambe opposée et continuez d'alterner pendant 1 minute. Continuez de bien rentrer le nombril et visualisez vos triceps qui vous soulèvent et vous reposent.

LE PROGRAMME

Je vous ai présenté en détail les principes fondateurs de ma méthode et il est temps, maintenant, de les appliquer. Je vous ai expliqué les principes scientifiques qui sont compilés dans ce programme. Vous remarquerez que ce chapitre est court, ce qui est une bonne chose, car la réussite repose sur la simplicité et il ne sert à rien de compliquer les choses. Ce n'est qu'une question de faisabilité et de longévité.

Vous allez emprunter une voie directe vers le corps que vous souhaitez. Or, la voie directe est toujours la plus simple. Une fois que vous aurez démarré, vous ne vous arrêterez plus, jusqu'à obtenir des résultats à couper le souffle.

La phase de transformation, jalonnée de résultats constants, va vous motiver, vous enthousiasmer et vous déterminer à réussir. En voyant votre corps se transformer devant vos yeux, vous n'aurez qu'une envie : continuer. Votre motivation va entraîner des habitudes plus fortes qu'aucune autre tentation sur votre chemin. Enfin, la phase de transformation ne se fait qu'UNE SEULE FOIS, c'est donc une situation temporaire. Les cupcakes et les verres de chablis seront toujours là, à la fin de votre transformation. S'il est certain que vous allez bouger, eux ne vont aller nulle part.

Dans cette phase, vous allez vous débarrasser de votre masse graisseuse à un rythme impressionnant, tout en vous sculptant un corps merveilleusement ferme. Quand les deux convergeront, à la fin de votre transformation, vous serez dans une forme inédite.

Votre corps va entrer dans une zone de combustion des graisses dans laquelle les muscles sont préservés. Le poids perdu n'est que du gras. J'ai pensé à tout, car je veux que vous conserviez absolument toute votre masse musculaire. En outre, je veille à ce que vous la développiez, car c'est votre tonus musculaire qui vous permet de *rester* mince et galbé.

Votre phase de transformation nécessite un véritable effort. Votre programme doit être une priorité absolue. Cette phase n'est à suivre qu'une seule fois avant la phase style de vie pour entretenir vos résultats à vie. Peut-être qu'il vous faudra répéter la phase de transformation deux ou trois fois pour atteindre votre but. Mais, au vu de la récompense qui vous attend après cet unique effort, cela ne vaut-il pas le coup de vous donner à fond ? Une fois que vous avez le corps et l'habitude, la suite est une sinécure.

Entrez totalement dans la phase de transformation, délectez-vous de chaque repas et mobilisez toute votre énergie dans les séances. Mettez-y votre cœur, votre âme et votre énergie. Impliquez-vous à fond. Dormez, occupez-vous davantage de vous et apportez-vous toute l'attention que vous méritez. Vous êtes désormais la priorité. Ne laissez pas vos engagements familiaux ou professionnels ni vos problèmes vous bloquer. Vous serez une personne plus heureuse, plus forte, plus svelte et plus patiente une fois votre transformation accomplie. Vous placer au premier plan n'est pas de l'égoïsme : c'est crucial. Vous êtes maintenant votre priorité numéro 1.

On n'obtient rien de valable sans effort. Or, ma méthode est simple, très rapide et sans stress. Elle est aussi efficace que possible. Toutefois, vous allez *quand même* devoir travailler pour réussir.

Transformation

Dans l'introduction, j'ai comparé mon programme à une nouvelle danse que vous allez apprendre. Au cours de la phase de transformation, vous allez apprendre des pas qui vont vous offrir de merveilleux résultats et des habitudes qui vous permettront de les entretenir à vie.

Pour obtenir les meilleurs résultats possible, vous allez devoir maîtriser ces pas dans un petit espace. Nous l'appelons le « cercle intérieur ». Lorsque vous êtes dans ce cercle, vous brûlez la graisse, fabriquez du muscle et créez votre « nouvelle normalité ».

Une fois votre objectif atteint, je vais vous apprendre à danser entre les cercles dans un parfait équilibre et à vous détendre pour profiter des plaisirs de la vie, sans ressentir une once de culpabilité. Pour l'instant, nous devons nous concentrer sur ce cercle intérieur diablement efficace pour brûler la graisse.

VOILÀ COMMENT RESTER DANS LE CERCLE INTÉRIEUR :

MENTAL

- ★ Adoptez un état d'esprit positif et croyez au succès.
- ★ Prenez du temps chaque jour pour de petits plaisirs.
- ★ Faites face et balayez toutes vos contrariétés.
- ★ Entourez-vous de gens inspirants et positifs.

1

STYLE DE VIE

- ★ Désencombrez votre espace de vie.
- ★ Pratiquez chaque soir une détox digitale après 21 h.
- ★ Dormez 7 heures par nuit.
- ★ Faites une « sieste du cerveau » pendant 20 minutes par jour.

2

NUTRITION

- ★ Mangez 3 repas et 2 collations par jour. Vous avez le choix entre 80 recettes, toutes très simples et rapides à préparer.
- ★ Démarrez votre journée en buvant de l'eau au citron et hydratez-vous tout au long de la journée.

3

EXERCICE

- ★ Intégrez l'activité physique à votre quotidien, avec un minimum de 10 000 pas par jour. Visez aussi haut que possible.
- ★ Faites une séance d'exercices, chez vous, d'au moins 15 minutes selon la méthode Louise Parker.

4

Chaque jour du programme, je veux que vous visualisiez le cercle intérieur, pour vous aider à atteindre votre but ultime. Enorgueillissez-vous et chérissez chaque succès quotidien, car les jours d'apprentissage de cette nouvelle danse dans le cercle intérieur comptent. Mettez-les par écrit, repensez-y – à vous de trouver votre méthode.

Visualisez 42 cercles au total (soit votre programme en 6 semaines de 7 jours). Réjouissez-vous de cocher chaque jour, car chaque journée vous amène à votre but et vos nouvelles habitudes.

Le programme étant incroyablement pratique, rapide et efficace, il vient en appui de votre volonté. Une fois que vous avez décidé de vous lancer, il est vraiment très simple de rester dans le cercle. Il vous suffit de vous imaginer la tête sur l'oreiller, après avoir coché une nouvelle journée passée dans le cercle intérieur.

Ne réfléchissez pas trop. Prenez un repas après l'autre et faites un exercice après l'autre. Ne vous inquiétez pas du temps qu'il vous faut pour atteindre votre but. Le temps finira par passer. Assurez-vous juste d'emprunter la route la plus directe.

Après avoir passé 42 jours dans votre cercle intérieur, vous aurez une incroyable transformation : de merveilleux résultats et de nouvelles habitudes pour la vie.

C'est simple, intelligent et diablement efficace.

Ne picorez pas dans le programme

Chaque aspect du programme est là pour une bonne raison. Tout a été adapté et étudié pour vous aider à atteindre les meilleurs résultats possible. Par conséquent, je vous en conjure : ne « picorez » pas dans le programme, c'est-à-dire : ne prenez pas çà et là quelques principes. Vous devez tout appliquer, car la réussite du programme repose sur la somme de ces principes. En les appliquant tous sur un nombre de semaines donné, les résultats vont vous étonner.

Dans cette phase, vous perdrez votre masse graisseuse à un rythme impressionnant, tout en vous sculptant un corps merveilleusement ferme. À la fin de votre transformation, vous serez dans une forme inédite.

Avant votre programme

La préparation mentale et pratique est cruciale. Démarrez en beauté et soyez prêt à accueillir le succès. Lancez-vous et ne vous arrêtez pas avant d'avoir atteint votre but.

Préparez-vous

★ **Passez votre commande**. Définissez vos objectifs (voir ci-contre).

★ **Rendez des comptes** à vous-même et à un groupe d'amis qui vous soutiennent (voir ci-contre).

★ **Nettoyez vos placards, votre réfrigérateur et votre congélateur** – donnez les aliments riches à une banque alimentaire. Vous n'en aurez plus besoin et cela fera aussi du bien à vos enfants.

★ **Faites une liste des ingrédients à acheter**. Rangez-les joliment dans de beaux bocaux et organisez votre réfrigérateur.

★ **Planifiez vos courses alimentaires** dans votre agenda, en boutique ou en ligne et au moins deux fois par semaine.

★ **Assurez-vous d'avoir un ou deux repas préparés** au réfrigérateur ou au congélateur, pour ne pas être pris de court.

★ **Prenez 10 minutes pour planifier mentalement les repas du lendemain.** Ne perdez pas une journée à les préparer : prenez plutôt l'habitude de la préparation quotidienne en pleine conscience.

★ **Inscrivez votre séance dans votre agenda** et n'en changez pas. Choisissez une heure à laquelle vous aurez le moins de chance de devoir reporter (tôt le matin ou en rentrant le soir). Pensez en termes d'habitudes.

★ **Ayez trois belles tenues de sport** dans lesquelles vous vous sentez bien et beau. Investissez dans une tenue qui vous donne de l'entrain et dans laquelle vous aimeriez être vu par la personne que vous aimez.

★ **Prenez vos mesures et des photos « avant »**, sans quoi vous regretterez de ne pas l'avoir fait, à la fin du programme. Même si cela vous fait peur, faites-le !

Pour utiliser un cliché : si vous échouez à planifier, vous planifiez votre échec. Ne vous précipitez pas un matin pour commencer avec un frigo vide. Un beau corps ne s'obtient pas par accident et demande de la planification. Rappelez-vous que l'effort est moindre une fois que votre but et votre programme font partie intégrante de votre style de vie. Je n'y pense presque plus – sans doute pas plus que quiconque a besoin de cuisiner pour survivre.

Passez votre commande

★ **décidez de votre objectif**, de façon précise et tangible.

★ **Voyez les choses en grand et écrivez une liste** d'au moins 5 buts.

Il est important de poser des objectifs clairs, précis et tangibles. Écrivez au moins cinq points importants, en décrivant ce que vous aimeriez que la méthode vous apporte. Assurez-vous d'aller bien au-delà de la simple « perte de poids ». Maintenant, déchirez cette liste et écrivez-en une nouvelle, cette fois-ci 30 % plus ambitieuse. Presque tous ceux que nous coachons dépassent de loin leurs attentes et se fixent des objectifs beaucoup trop bas, en disant : « Je voulais juste être réaliste. » Dans notre monde, les résultats phénoménaux sont possibles. Par conséquent, viser trop bas ne vous rendra service.

Soyez responsable

Vous améliorerez infiniment vos résultats en étant responsable et en rendant des comptes à quelqu'un d'autre que vous. À la fin, ce qui compte est que vous soyez heureux de vos progrès. S'aider et se contrôler avec une tierce personne vous aidera à maintenir le cap. **Aidez les autres et vous serez récompensé au centuple.**

Une transformation de groupe

Vous avez des amis ou des membres de votre famille qui veulent aussi changer une bonne fois pour toutes. Conviez-les à se joindre à vous. Constituez un groupe de 4 à 8 personnes et fixez un jour et une heure de la semaine pour vous retrouver, partager vos résultats de la semaine et vous encourager. Faites que cette date soit la même chaque semaine et veillez à être au calme et à ne pas être dérangés. Vous pouvez aussi vous suivre et vous aider des quatre coins du monde. Certaines semaines, le défi vous semblera dur à relever, mais il y aura toujours quelqu'un de plus optimiste pour vous encourager. Ne pas vous plaindre et toujours être positif sont des règles de base pour des réunions constructives. Rappelez-vous : vous devez changer d'état d'esprit et arrêter les régimes, et pas uniquement transformer votre corps.

Partager ses résultats, ses astuces et ses encouragements est vraiment d'un grand soutien. En vous aidant, vous pouvez dépasser vos objectifs. Ce soutien est un facteur-clé dans le succès de la méthode Louise Parker, donc ne le négligez pas.

Comment mesurer votre transformation ?

Des photos « avant/après »

La photographie est vraiment le moyen le plus simple pour mesurer votre progression et je vous recommande vivement de vous photographier avant de commencer, puis durant toutes les trois semaines du cycle de transformation (laissez à votre corps un peu de temps pour s'adapter, suffisamment pour que votre œil critique soit fier). Demandez à quelqu'un de vous prendre en photo ou prenez un selfie devant un miroir. Photographiez-vous en pied et prenez trois clichés : un de face, un de côté et un de dos dans le miroir en utilisant le bouton à selfie de votre smartphone (si vous n'avez pas ce type de gadget, alors demandez à un proche de vous prêter main-forte). Portez un maillot de bain ou des vêtements de sport près du corps (de couleur, car le noir amincit). Il faut vraiment voir vos formes, donc pas de pyjama !

Le test du jeans

C'est le test absolu ! Tout le monde a un vêtement dans lequel il rêve de rentrer à nouveau. Quel est le vôtre ? Pendez-le bien en vue. Alors que je cherchais à perdre du poids après la naissance de CoCo, j'avais accroché ma robe Roland Mouret® favorite à un endroit où je pouvais la voir tous les jours. Au final, le jour où j'ai été la plus heureuse a été celui où j'ai pu fermer de nouveau mon jeans slim, sans avoir à m'allonger et à retenir mon souffle. Lorsque vos vêtements vous vont de nouveau comme un gant, c'est signe que la mission est accomplie !

Honnêtement : nous voulons tous être en meilleure santé et vivre vieux. Mais nous voulons y parvenir dans les vêtements que nous aimons et il est fort probable que vous réussirez à perdre une taille et demie par cycle de 6 semaines. Ne lâchez rien, continuez d'acheter des jeans slim et ne vous arrêtez qu'après que la magie a opéré. Les habits constituent une indication très précise de résultat. Ne vous arrêtez pas au jeans bien confortable et visez « le » jeans de vos rêves.

Sentez-vous fabuleux

Ce sentiment « fabuleux » est le meilleur qui soit, mais il est difficile à mesurer. Vous aurez parfois l'impression que le programme ne fonctionne pas et aurez envie de vous morfondre. Répétez-vous en boucle que cette situation n'est que temporaire et que rien de valable ne s'obtient sans effort. Continuez d'avancer. Aucune raison de vous arrêter.

Vous saurez que vous avez atteint votre but quand vous vous sentirez fabuleux. Quoi de mieux que d'être plein d'entrain et d'entendre tout le monde vous dire que vous êtes *magnifique* ? Vos faux amis vous diront sans doute que vous êtes décharné, donc méfiez-vous de leur jalousie et ne la laissez pas vous atteindre. Vous resplendirez tellement qu'ils penseront sans doute que vous avez une liaison.

Pesez-vous une fois tous les 15 jours

Vous vous pèserez une fois tous les 15 jours, **au moyen d'une balance classique ou à impédancemétrie.** Confinez-la dans un placard et ne montez pas dessus sans arrêt. Votre poids fluctue la plupart du temps, même lors d'une transformation radicale. Par conséquent, en vous pesant souvent, vous allez nager en pleine confusion, et si par malheur vous n'étiez pas content du résultat, vous allez penser que le programme ne fonctionne pas – or, il est infaillible – et vous allez saper votre motivation. Donc : une fois tous les 15 jours uniquement, et ce, à titre indicatif. Tout ce que l'on veut c'est voir une tendance à la baisse.

Commencez une fois seulement

Je vous l'ai déjà dit (et je vous dis encore), mais avant de commencer, vous devez vous assurer que votre mental est prêt. Prenez la décision de ne commencer qu'une seule fois et de ne pas arrêter avant d'avoir atteint votre objectif. Si vous suivez à la lettre le programme tous les jours, ce dernier alliera cadence, enthousiasme et vitesse. En effet, le programme requiert un engagement à 100 % de votre part, pendant seulement quelques semaines. Ne commencez pas tant que vous ne pouvez pas vous engager pleinement. Une fois lancé, rappelez-vous de rester dans le cercle intérieur. Apprenez les pas de danse et enchaînez-les jusqu'à atteindre votre but. Soyez fier de chaque journée accomplie et cochée.

Commencez et n'arrêtez pas.

Pendant la phase de transformation

Au cours de votre programme, votre mission est de rester au milieu du cercle intérieur, jusqu'à ce que votre objectif soit atteint. En progressant, pendant la transformation, vous rencontrerez des moments où cela vous semblera tellement facile que vous penserez mal faire les choses. Au contraire, ce sera le signe que le programme vous convient parfaitement (maintenant et sur le long terme).

« La règle des 4 jours »

Vous allez donc entrer et rester dans ce cercle intérieur brûle-graisse pendant 42 jours consécutifs (ou plus, si vous avez plus de poids à perdre). Il n'y a pas de jour de repos dans ma méthode, et voici pourquoi :

Selon les cas, cela peut prendre deux à trois jours pour entrer dans le cercle intérieur et activer la combustion des graisses. Chaque fois que vous sortez du cercle intérieur, vous fermez le robinet brûle-graisse, le chronomètre se remet à zéro et il faut alors deux à trois jours pour relancer la machine. Par conséquent, si vous vous octroyez une journée « HORS » programme et en dehors du cercle intérieur, il vous faut trois jours pour être de nouveau « DANS » le programme avec un robinet brûle-graisse ouvert et efficace. Vous perdez donc 4 jours au total.

Si vous faites cela cinq fois au cours des 6 semaines du programme, vous perdrez alors 20 jours sur les 42 jours du programme et obtiendrez moins de 50 % du résultat optimal.

Pensez au robinet brûle-graisse. Vous voulez qu'il coule régulièrement, chaque jour, pendant six semaines, plutôt que d'être constamment éteint et ouvert (ce qui réduit vos résultats de moitié).

Ainsi, chaque fois que vous rencontrerez un moment difficile, pendant la phase de transformation, essayez de penser à la danse. Visualisez le cercle intérieur et restez concentré sur votre mission qui consiste à rester au centre. Veillez à ne pas mettre un pied au-dehors et ne laissez personne vous y pousser. Soyez entêté, déterminé et fier.

Triche et récompense

Si vous sortez incidemment du cercle intérieur (un verre de vin, quelques biscuits ou un jour ou deux sans exercice) : pas de panique. Ce n'est pas la fin du monde. Sautez de nouveau dans le cercle intérieur, votre but étant d'y passer autant de temps que possible.

Plus vous passez de temps dans le cercle intérieur, moins vous sortez dans le cercle extérieur et plus vous « prenez l'habitude » et avez de bons résultats. La route la plus simple est la plus directe et la route la plus directe en vaut la peine, une fois que vous obtenez des résultats époustouflants.

N'arrêtez pas tant que la magie n'a pas opéré

Avant de passer de la transformation au style de vie, assurez-vous que vous avez atteint votre objectif ultime et que vous avez le corps que vous visualisiez avant de démarrer. Rappelez-vous : **il n'est pas plus difficile de garder une taille 36 qu'une taille 42. Le chemin pour y arriver est juste un peu plus long.** Votre corps maintient toujours son taux de masse grasse, qu'il perde du poids ou qu'il en prenne et quelle que soit la taille que vous faites. Par conséquent, ne vous mettez pas en tête que vous ne pouvez pas viser une plus petite taille et qu'il sera plus difficile de garder un corps plus mince. Aucune différence !

Je ne suis pas du tout d'accord avec l'idée que l'on est fatalement plus gros à 60 ans qu'à 30. Je trouve que cela n'a aucun sens. L'idée de devoir choisir entre son corps ou son visage est une ineptie. C'était peut-être le cas dans les années 80, lorsque les régimes étaient sans gras et riches en glucides – ce qui a l'effet le plus néfaste sur la peau, avec une carence en huiles bénéfiques à la beauté et un excès de sucre qui accélère fortement le vieillissement cutané.

Laissons donc ce mythe de côté. J'ai vu des centaines de clients de 50, 60 et 70 ans retrouver un corps plus beau et mince que lorsqu'ils avaient 30 ans. Jamais je ne les ai regardés en me disant qu'ils avaient les « traits tirés ». Tant. que vous veillerez à protéger votre peau en mettant des produits solaires, en utilisant des sérums anti-âge et en suivant une alimentation riche en antioxydants, en protéines et en huiles oméga-3, vous serez radieux. Alors, n'utilisez pas l'excuse de votre visage pour ne pas viser une taille en dessous. Au risque de me répéter : allez chercher le corps qui vous fait rêver. Ne vous auto-bloquez pas.

Enfin, ne descendez pas trop tôt du train. Visez le corps de vos rêves. Aucune raison de ne pas y arriver. Seul votre mental peut vous empêcher d'obtenir la meilleure version de vous-même. Soyez convaincu de pouvoir viser encore plus loin, si c'est ce dont vous avez envie. Nos corps sont juste une création réalisée à partir de l'impulsion que nous y mettons. Vous seul décidez de votre silhouette et de votre bien-être.

Comment sais-je que je suis prêt pour la phase style de vie Louise Parker ?

Reprenez vos photographies « avant/après » (voir page 204) et regardez-les avec un œil compatissant, rationnel et réaliste. Si vous êtes trop critique et vous trouvez toujours difforme, demandez à un ami (celui ou celle qui oserait vous dire que vous avez un bout d'épinard entre les dents) d'être totalement honnête envers vous.

Repensez à votre visualisation qui, par chance, était la meilleure vision esthétique de vous-même, c'est-à-dire celle de votre corps au mieux de sa forme (et pas celui d'une personne de 22 ans mesurant 1 m 70, si vous avez 45 ans et faites 1 m 65). Il s'agit de vous, avec le corps ferme et galbé que vous souhaitez.

Seul vous pouvez décider quand vous avez atteint votre poids idéal. En entrant dans la phase style de vie du programme, votre robinet brûle-graisse va doucement se fermer. En effectuant la transition, vous devez être au point où votre poids vous convient. Donc, êtes-vous aussi mince que vous le souhaitiez ? Avez-vous encore du poids à perdre ?

Vous trouverez sans doute toujours que vous avez un peu de gras par-ci, par-là, qui n'est pas en parfait équilibre avec le reste de votre corps. C'est très commun. 95 % des femmes que je vois en sous-vêtements, dans ma clinique, ont toute une réserve de gras quelque part. Concentrez-vous sur la meilleure version de vous-même, pas sur la perfection. La perfection n'existe pas. Même les mannequins ne ressemblent pas à des top models. Tous leurs petits bourrelets et imperfections sont immédiatement gommés.

On ne peut pas éliminer toutes les « zones grasses ». Viser à réduire une poche de gras localisée au travers de son alimentation, de son style de vie et de son activité physique est impossible. En perdant du poids, votre corps diminue sa masse graisseuse de partout et vous ne pouvez pas diriger vos efforts à un endroit précis. Si, par exemple, vous avez un bourrelet à l'extérieur de la cuisse, faire davantage d'exercices pour travailler les cuisses aidera à tonifier le muscle sous la graisse, mais cela ne brûlera pas précisément le gras qui se trouve par-dessus.

Puisque personne ne peut cibler sa perte de gras – et étant donné que nous ne voulons pas que vous maigrissiez trop pour tenter d'y parvenir –, deux options s'offrent à vous : vous pouvez vous tourner vers des traitements esthétiques non invasifs (solutions coûteuses mais efficaces contre les poches de graisse tenaces, mais pas pour une perte de poids globale) ou accepter que vous avez fait votre maximum pour obtenir le plus beau corps possible et que c'est vraiment fabuleux.

Ce qui est important, c'est de vous regarder avec un œil rationnel et de savoir que même si la masse graisseuse peut être brûlée en restant dans la phase de transformation, les poches de gras tenaces existent (même si le reste de votre corps a minci et atteint son poids idéal). Mais cela ne doit pas vous empêcher de sculpter votre corps en continuant assidûment les exercices, même si vous ne maigrissez plus.

Peut-être que vous êtes globalement mince comme vous le souhaitiez, avec toujours un tout petit peu de gras sur vos cuisses, et que vous souhaitez souligner encore plus la ligne de vos jambes, de votre ventre et de vos bras. Si vous souhaitez sculpter davantage votre corps, tout en reconnaissant qu'il est temps de fermer le robinet brûle-graisse, alors il est temps de passer à la phase style de vie et de continuer les exercices physiques.

Plus vous suivrez la phase style de vie, plus votre corps va continuer d'évoluer, de se sculpter et d'embellir. En continuant d'innover et de varier les séances d'entraînement, vos muscles vont se raffermir et se parfaire. Les courbes et lignes de votre corps, elles aussi, vont continuer de s'affiner, même si vos taux de masse graisseuse se seront stabilisés.

Je veux que vous ayez le plus beau corps – et il n'y a pas de raison de ne pas y arriver.

LE STYLE
DE VIE
LOUISE PARKER

Votre nouvelle normalité

Tout ce que vous avez appris pendant la phase de transformation est la base de votre nouvelle normalité. En mincissant et en sculptant votre corps, vous avez pris de nouvelles habitudes que vous allez conserver pour la vie. Les beaux repas et le goût de l'exercice physique font désormais partie de vous et de votre quotidien. Vous poursuivez avec un état d'esprit positif des habitudes de vie et prenez beaucoup de plaisir à vous occuper de vous.

Vous allez découvrir votre équilibre entre les choses qui fonctionnent pour maintenir vos résultats sans effort et les plats et boissons de fête qui « en valent la peine ». Vous continuerez d'innover et de progresser, en accomplissant vos séances d'exercice physique et en peaufinant vos habitudes, afin de vivre votre meilleure vie dans votre meilleur corps.

Être en phase style de vie, c'est être libéré des régimes et maîtriser l'art de savoir rester mince. Un mode de vie intelligent, agréable et sans effort, dans lequel on adopte, pour la vie, de fantastiques habitudes. Des habitudes d'équilibre dans son esprit, dans sa vie *et* dans son corps.

- ★ Gardez un état d'esprit positif et innovez sans cesse dans votre vie.
- ★ Suivez le programme alimentaire Louise Parker 80 % du temps.
- ★ Faites-vous plaisir en mangeant et en buvant sans culpabilité, 20 % du temps, lors d'occasions festives.
- ★ Continuez à bouger (minimum 10 000 pas par jour).
- ★ Faites quotidiennement de l'exercice physique.
- ★ Continuez votre détox digitale, chaque soir, à 21 h.
- ★ Variez vos séances d'exercice toutes les 6 semaines.
- ★ Dormez 7 heures par nuit.
- ★ Faites face à toutes vos contrariétés, sans tarder, en adoptant l'attitude : « Fais-le maintenant ! »
- ★ Prenez chaque jour le temps pour des plaisirs simples.
- ★ Entourez-vous de gens positifs et inspirants et aidez les autres à se transformer.
- ★ Faites une « sieste du cerveau » 20 minutes par jour.

J'aime la façon dont mon programme vous amène à votre objectif et vous permet d'obtenir *simultanément* un corps qui vous plaît et un nouveau mode de vie. Toutes les habitudes que vous adoptez au cours de la phase de transformation perdurent, car elles s'inscrivent tout naturellement dans votre quotidien. Rien ne s'arrête et vous ne reprenez pas vos anciennes habitudes. D'ailleurs, en y repensant aujourd'hui, vous avez probablement l'impression qu'elles n'ont jamais fait partie de votre vie.

Vous n'aurez *aucune envie* de faire machine arrière, car vous êtes au mieux de votre forme : vous êtes mince et puissant, sur le plan physique ; vous avez un esprit vif et positif ; votre vie est ordonnée, calme et positivement stimulante. Vous allez juste réintégrer les repas et boissons « plaisir » dans votre vie, mais uniquement lorsqu'ils sont vraiment bons et en « valent la peine ». Je vais vous expliquer comment faire, c'est très simple.

Mon style de vie vous libère pour toujours des régimes.

Quelle transition entre la transformation et le style de vie/la danse ?

La différence entre la phase de transformation et la phase de style de vie repose sur le fait de passer 80 % du temps dans le cercle intérieur et non plus 100 % comme vous le faisiez pendant votre transformation.

Ces pourcentages sont donnés à titre indicatif, donc ne vous lancez pas dans d'impossibles calculs et fiez-vous à votre bon sens. Il faut trouver un équilibre qui vous permette de rester mince comme vous aimez. Comptez deux à trois semaines pour trouver la durée idéale en dehors du cercle intérieur et pour stabiliser votre poids.

Nous sommes tous différents et je veux que vous abordiez lentement cette transition, afin de trouver votre équilibre. Voici comment y parvenir :

Définissez votre répertoire

Je crois que tout le monde a besoin de 10 à 20 recettes favorites qui constituent le répertoire de base de son alimentation quotidienne. Vous devez en permanence faire évoluer ce dernier et essayer de nouvelles choses, afin de ne pas vous enfermer dans une routine et de ne pas manger tous les jours la même chose. Il est donc important de connaître vos plats préférés qui forment la base de vos habitudes et qui peuvent sans cesse être revisités.

Prenez du recul et décidez quelles vont être vos habitudes alimentaires régulières. Vous pourrez ainsi faire vos courses, préparer à manger et savourer ces recettes, sans vous casser la tête. Par exemple, au petit-déjeuner, vous avez sans doute laissé tomber vos céréales Special K® pleines de sucre pour mes recettes de bircher dont les déclinaisons sont infinies. Elles feront donc, sans doute, partie de votre répertoire.

Faites une liste de toutes les recettes que vous avez apprises au cours de la phase de transformation et que vous aimez (pour chaque repas, du matin au soir, collations comprises). Vous innoverez sans cesse à partir de ces recettes et déclinerez d'infinies variations.

Identifiez ce qui en « vaut la peine »

Au cours de la phase de transformation, vous faites face à des situations qui vous mettent au défi et vous découvrez alors quels sont les plats et les boissons qui vous manquent vraiment. Vous devez être en mesure d'identifier les boissons et aliments du cercle extérieur, qui d'après vous « en valent vraiment la peine » et que vous voulez vraiment réintégrer dans votre vie. Pendant cette période de lune de miel, à la fin de leur transformation, les clients me disent souvent ceci : « Oh, je pourrais manger comme ça toute ma vie. Rien ne me manque. » Or, cette phrase m'alerte toujours.

Vivre dans le vrai monde signifie que vous allez vouloir vous détendre devant un feu (avec un verre de vin rouge et un bol de bretzels), commander ce qui vous chante dans votre restaurant préféré et savourer un rôti et des pommes de terre le dimanche. Aucune raison de vous priver. Ma méthode est contre le principe de privation. Définissez ce qui vous a réellement manqué – les plats et boissons qui « en valent la peine » –, puis notez-les par écrit. Notez même des choses très simples, mais pour vous festives. En revanche, ne dressez pas la liste de vos barres chocolatées préférées. Faites preuve de discernement. Vous avez travaillé dur pour obtenir ce corps et devez maintenant décider de ce qui vaut la peine d'être consommé.

Si vous voyagez souvent pour le travail, je vous recommande vivement de manger avec style et de coller, pendant vos déplacements, à mon programme alimentaire. C'est *possible* et cela demande juste un peu de planification et d'adaptation. Vous verrez, en effet, qu'il vaut mieux déguster les plats qui « en valent la peine » avec votre famille ou ceux que vous aimez que de manger des chips à 10 000 mètres d'altitude.

Réintégrez « ce qui en vaut la peine »

Vous avez peut-être une liste de dix choses « qui en valent la peine » (et il est possible de compter parmi elles des événements et pas des plats spécifiques). Il faut désormais réintroduire lentement vos repas de fête (sans « tricher ») et voir comment votre corps réagit et s'adapte.

Vous introduirez quelques éléments par semaine et vous saurez que vous avez trouvé le bon équilibre lorsque vous aurez tout réintroduit et que votre corps sera stabilisé. Voici l'exemple de mon retour à ma « nouvelle normalité » qui a pris un mois après ma transformation postnatale :

- **Première semaine** — 2 verres de vin le vendredi soir
- **Deuxième semaine** — + du rôti le dimanche avec toutes les garnitures
- **Troisième semaine** — + 2 pancakes et du sirop d'érable un dimanche matin
- **Quatrième semaine** — + un repas à deux plats lors d'une soirée + 2 verres de vin

Voici ce que je m'autorise sur une semaine, mais ce n'est évidemment pas gravé dans la roche. Je prends les événements de chaque semaine comme ils viennent. Plus j'ai suivi et adopté ce mode de vie, plus il m'a été facile de faire preuve de discernement et de choisir sagement.

Je ne suis pas au supplice. Je mange ce qui se présente à moi quand je sors et je m'autorise ce dont mon corps a envie.

Au restaurant, vous découvrirez que vous aurez souvent envie de commander selon la méthode, car vous vous serez habitué à manger plus léger et plus sainement. Souvent, si je commande un steak-frites, je laisse la moitié des frites et je regrette que la salade n'ait pas été plus grosse.

Comment faire en société ?

Je me suis souvent retrouvée attablée avec quelqu'un me disant : « Quelle chance tu as, si je mangeais comme toi, je ferais la taille d'une maison » et j'ai probablement, moi aussi, dit la même chose à d'autres personnes, avant d'apprendre ce que je sais aujourd'hui. Ce que ces gens ne voient pas, c'est que je suis ma méthode 80 % du temps. Par conséquent, je peux m'autoriser une crème brûlée et un verre de sancerre sans prendre de poids.

Pouvoir se faire plaisir 20 à 30 % du temps dépend de l'intensité de votre exercice physique. Si celui-ci est sporadique pendant quelques semaines, vous allez devoir vous y remettre. Si vous vous entraînez tous les jours, de façon régulière, alors vous pourrez en profiter 30 % du temps.

Je vais vous expliquer combien de repas de fêtes vous allez pouvoir vous offrir, ou comment dresser une liste de ce à quoi 20 à 30 % de plaisir ressemble. Vous allez devoir définir ce qu'il en est pour vous et faire confiance à votre instinct qui est plus fiable qu'il n'y paraît. Vous serez bientôt en mesure d'étalonner sans difficulté ce qu'il faut pour votre corps. Ce dernier saura vous le dire mieux que moi, alors écoutez-le.

Au début de chaque semaine, faites le point sur les événements à venir (combien de repas à l'extérieur, combien de soirées et autres événements). Si vous sortez tous les soirs, il faudra équilibrer en mangeant sainement toute la semaine et faire preuve de discernement chaque soir pour modérer vos ardeurs face aux boissons et à la nourriture. Si vous sortez trois fois, vous allez pouvoir sortir en lâchant un peu la bride ces soirs-là. Il vous faudra un peu de temps pour savoir ce à quoi votre corps réagit bien. C'est la raison pour laquelle vous devez vous y mettre lentement et attentivement, jusqu'à ce que cela devienne une seconde nature.

Faites attention à votre consommation d'alcool, si c'est quelque chose que vous aimez. En arrivant dans le cercle extérieur, l'alcool sera l'une des premières tentations. C'est plein de sucre, cela stimule votre appétit et, surtout, cela vous affaiblit mentalement et vous n'y faites plus attention. La bonne idée est de vous fixer la « règle des 2 verres ». Il est ainsi plus simple de vous sociabiliser de nouveau en vous en tenant à deux verres de votre boisson alcoolisée préférée et de vraiment en profiter. Je ne peux pas vous promettre que je la respecte tous les soirs, mais c'est une règle générale qui fonctionne.

Bien sûr, vous allez vous lâcher lors de certains événements, mais nous parlons ici de votre routine régulière. Et si cette dernière devient une habitude, vous éviterez alors les excès, les gueules de bois et leurs dommages collatéraux, sans parler des choses que vous n'auriez pas dû dire.

La fin des « petits péchés »

Les expressions « petits péchés », « récompenses » ou tout autre terme indiquant qu'un aliment est « mauvais » doit disparaître de votre vocabulaire. Grâce à ma méthode, vous vivez de façon équilibrée et vous nourrissez la plupart du temps de plats sains et légers et, par moments, de repas plus riches et copieux, mais aucun aliment n'est interdit. J'y tiens beaucoup, car cela fait la différence entre être au régime toute sa vie ou « adopter » ma méthode de constante minceur. C'est vous qui décidez entre manger un gâteau au chocolat « qui fait grossir » ou un gâteau au chocolat normal.

Vous devez rompre avec cette façon de penser, car elle induit un état d'esprit négatif qui vous plombe et vous fait tomber dans le remords et l'auto-sabotage. Vous devez pouvoir manger un croissant aux amandes sans penser qu'il est « mauvais ». Un croissant est un aliment normal parmi tant d'autres, pour moi, aujourd'hui, et je grimace quand j'entends quelqu'un dire qu'il a fait « une entorse », alors que c'est juste un tour dans la danse. Vous allez apprendre à profiter d'un week-end à Paris en vous faisant plaisir et en appréciant les choses les plus folles sans aucun remords.

Continuez d'innover dans votre vie

Au cours de la phase style de vie, vous allez continuer d'innover. Vous allez ainsi évoluer et rester très motivé et inspiré, afin d'embrasser votre nouvelle vie avec passion. J'ai tendance à penser en termes d'années scolaires. Aussi, à chaque fin de trimestre, je varie un peu ma routine. En effet, diviser votre année vous permet de poser des jalons dans votre agenda pour vous inciter à revoir les choses. Les changements de saison, par exemple, sont un bon mémo. Vous devez prendre du temps et réfléchir à ce qui pourrait apporter un peu de renouveau dans votre routine. Ne tombez pas dans l'obsession de la nouveauté, mais essayez juste de maintenir les choses inventives et fraîches. Si vous ne le faites pas, votre motivation risque de stagner, puis de s'amenuiser, entraînant avec elle vos résultats dans sa chute. Donc, prenez cela au sérieux et veillez-y.

Faites évoluer votre répertoire de plats favoris

Maintenant que vous comprenez les principes de ma méthode, vous allez être capable de composer vous-même vos recettes ainsi que celles de votre famille. Les options de recettes en phase avec ma méthode sont innombrables et celles présentes dans le livre ne sont qu'un point de départ. Les possibilités sont infinies.

Une bonne habitude consiste à se poser une fois par mois et à écrire la liste de vos recettes préférées. Chaque mois, assurez-vous que dans cette liste de 10 à 20 recettes favorites, au moins un tiers d'entre elles sont de nouvelles recettes. Faites-les évoluer sans cesse et faites en sorte qu'elles soient motivantes. De toute façon, vous allez naturellement vouloir manger de saison et suivre ce dont votre corps a besoin. Ma méthode n'est pas là pour vous contraindre à manger les mêmes plats tous les jours. Continuez d'innover et faites-le avec passion. Faites des expériences, amusez-vous et n'ayez pas peur de faire des erreurs.

Faites évoluer vos séances

En innovant et en changeant continuellement vos exercices physiques, votre corps poursuit son évolution. Plus votre corps sera puissant, souple et sculpté, plus votre poids se stabilisera. Or, puisqu'il y a toujours quelque chose à travailler, considérez-vous comme un projet en cours. J'ai toujours un but précis : la souplesse, sortir de ma zone de confort, me concentrer sur une partie précise de mon corps qui doit être corrigée, pour des raisons de posture ou de couture.

En améliorant votre tonus musculaire, au fil des mois, vous stimulez dans le même temps votre métabolisme de base, ce qui vous permet de vous octroyer davantage de repas de fête. L'évolution de vos séances consiste à motiver votre mental comme vos muscles. Votre corps s'améliore avec la « confusion musculaire », donc ne cesser pas de le défier avec de nouveaux exercices, de nouvelles perspectives et de nouvelles activités. Si vous ne faites pas évoluer votre routine, votre corps va cesser d'évoluer. Mais vous allez surtout mourir d'ennui, en suivant la même routine pendant des mois, et vos habitudes risquent de s'étioler.

C'est pour cette raison que je change de routine à la fin de chaque trimestre, ce qui me permet de travailler en fonction et de m'adapter à mon agenda à venir. Avant Noël ou avant les vacances d'été, j'augmente généralement mon entraînement de 30 % pour m'assurer d'être au mieux de ma forme. Avoir un objectif qui vous extrait de votre zone de confort est très motivant. Cela vous pousse à vous occuper de vous et à réinjecter de la passion dans votre routine. Stimulez sans cesse votre corps *et* votre esprit. Je crois qu'il est sain de revoir ses ambitions à la hausse de temps en temps.

Continuez de faire évoluer vos séances : cela stimulera votre mental et vos muscles.

De saines habitudes en vacances

Les vacances, selon la méthode Louise Parker, ne diffèrent en rien de la phase style de vie. Ce style de vie étant mon habitude, je vis également mes vacances selon la règle des 80/20. Je n'ai même pas à y penser, car je préfère rentrer régénérée par mon séjour plutôt qu'écrasée par les excès. Cela ne gâche en rien mon plaisir et je m'amuse vraiment.

Pendant les vacances, par exemple, je petit-déjeune et je déjeune fidèlement à ma méthode. C'est uniquement le soir que je m'aventure dans le cercle extérieur, en m'autorisant quelques verres de vin ou un risotto aux palourdes, si je considère qu'ils « le valent bien ». Si les croissants sont beaux, je m'offre un croissant au petit-déjeuner, puis je reste dans le cercle intérieur le restant de la journée. J'en ressortirai peut-être plus tard, pour un ou deux cocktails. Je change tous les jours. Je fais sans doute aussi plus d'exercice, en jouant avec les filles et en faisant de grandes promenades sur la plage.

Je passe peut-être trois soirs en dehors du cercle intérieur : un grand dîner, quelques cocktails et une glace à la noix de coco, qui comptent parmi mes plaisirs « qui en valent la peine ». Si quelque chose ne me séduit pas totalement, alors je ne me force pas à le manger. Au final, je réussis à tout équilibrer et ne prends pas un gramme. Avant, j'aurais sans doute passé deux semaines totalement en dehors du cercle, je serais rentrée à la maison avec 3 kg de plus et aurais repris le régime et la marche sur un tapis roulant.

En vacances, comme dans la vie, je ne me prive jamais vraiment de quelque chose dont j'ai envie. Si je veux quelque chose, je le prends, puis je retourne immédiatement danser dans le cercle intérieur. C'est devenu une telle habitude que je n'y pense plus. Une fois que vous aurez appliqué cette méthode en vacances, vous trouverez cela d'une facilité déconcertante et rentrerez chez vous au top.

La règle des trois jours

La vie est heureusement pleine d'occasions à célébrer et vous allez continuer à vous faire plaisir à Noël, pour le Nouvel An, lors de votre anniversaire à Paris et lors du week-end organisé pour le mariage de votre meilleur ami. Vous êtes humain et vous aurez certains jours envie de vous laisser aller. Ne laissez pas cette évidence vous miner et n'y pensez pas trop, car si vous prenez cela trop au sérieux, vous allez trébucher sur vos pas de danse. Contentez-vous de vous rappeler que Noël, votre anniversaire et le mariage de cet ami représentent trois jours d'excès et non trois semaines, et il est tout à fait possible de passer trois jours au milieu ou en périphérie des cercles extérieurs. Vivez selon la règle des 3 jours : ne restez pas dehors plus de trois jours et, le quatrième, rentrez vite dans le cercle intérieur.

La même règle s'applique à vos séances d'exercice physique. Pour une raison ou pour une autre, vous rencontrerez des jours où faire de l'exercice sera impossible. Même si je souhaite que vous bougiez un peu tous les jours, mais je sais qu'il m'arrive parfois de ne pas du tout trouver la motivation. Or, nous ne visons pas la perfection. Appliquez là aussi la règle des 3 jours. Si vous restez sans bouger pendant trois jours, le quatrième, vous n'aurez aucune excuse et, même s'il ne s'agit que d'une séance de 20 minutes, bouger vous permettra de vous remettre en selle. C'est une règle fondamentale qui est en lien direct avec votre postérieur.

Surveillez vos résultats

Comme vous le faisiez durant votre programme, je veux que vous continuiez à surveiller vos résultats. Une fois que vous avez atteint votre objectif, suivez toujours la même routine de surveillance. Après six mois de consolidation, un suivi des résultats mensuel sera suffisant. Il est important de suivre votre progression, tant en phase de transformation qu'en phase style de vie. Donc, continuez à étalonner votre balance, sans que cela devienne obsessionnel.

Une fois que vous avez le corps de vos rêves, achetez-vous quelques jeans slim et assurez-vous qu'ils soient bien ajustés. Le meilleur des tests sur le long terme, pour surveiller son poids, est de rentrer facilement dans son jeans. J'entends par là le mettre en 30 secondes et pas batailler, allongé, en tirant dessus pendant 5 minutes. Plus vous vivez longtemps dans votre corps de rêve, plus cela devient facile. Vous saurez très vite s'il est temps de repasser 90 % du temps dans le cercle intérieur ou de faire un peu plus d'exercice physique.

Pour finir

J'espère que vous avez trouvé dans la méthode Louise Parker la force, la liberté et la joie qu'elle a su me procurer et qu'elle fait également désormais partie de votre « nouvelle normalité ».

Je souhaite que vous soyez libéré des régimes comme je l'ai été et que vous remplaciez l'auto-sabotage et le sacrifice par la force et le succès permanent. Je suis confiante et sais que la méthode va faire partie de vous, comme elle fait partie de moi. Rappelez-vous : il ne s'agit pas d'un programme temporaire, mais du mode de vie que vous souhaitez adopter aujourd'hui.

Vivre ma méthode et la transmettre a indéniablement fait de moi une meilleure personne (et bien au-delà du simple aspect physique). J'ai désormais l'énergie, l'enthousiasme et le mental pour faire face aux plus grands défis.

En 20 ans, j'ai tellement appris des rencontres avec des milliers de clients inspirants (qui faisaient eux aussi face à leurs difficultés). Ne croyez pas être la seule personne à trouver parfois que la vie est difficile. Vous pouvez y arriver. Je le sais.

N'abandonnez jamais. Pensez à ce défi comme à une petite respiration. Si vous arrêtez, alors la motivation et la magie s'amenuisent. Continuez de maintenir de petites respirations, lorsque vous faites face à des journées plus difficiles – le plus petit effort sera suffisant pour vous maintenir, jusqu'à ce que vous puissiez un jour respirer profondément de nouveau.

Tel est le cours de la vie, fait de flux et de reflux. Vous ne visez pas la perfection, car cette dernière n'existe pas. Et viser la perfection consisterait à vous dire que vous n'êtes pas capable de changer.

Rappelez-vous toujours ce que je vous ai dit à propos de la « danse » et de la « constance » (et non pas la « sévérité ») qui ne doivent jamais rimer avec déplaisir. Lâchez prise, une bonne fois pour toutes, et coupez avec la pensée du « tout ou rien » qui vous a retenu pendant des années. Au contraire, dirigez-vous directement, et aussi vite que possible, en direction de votre objectif et apprenez à profiter de la danse. Vous devez y prendre du plaisir. Tout est là. Il vous suffit de vous ouvrir à cette danse.

Traitez-vous comme vous traiteriez un enfant ou un ami : maternez-vous quand vous sentez que vous en avez besoin. Ceci n'est pas une course, mais juste une danse. Et si vous continuez d'avancer en direction de votre but, sans jamais dévier de votre route, vous allez obtenir la version la plus heureuse et vivante de la personne brillante que vous êtes déjà.

INDEX

R

S

T

V

Y

REMERCIEMENTS

J'adresse ma plus grande gratitude à mon mari, Paul. Je te serai à jamais reconnaissante d'avoir quitté ton « propre job » à la City pour t'investir depuis le premier jour dans notre entreprise familiale naissante. Tu es la personne la plus aimante, la plus merveilleuse et la plus intelligente que je connaisse. Je sais que je ne pourrais pas y arriver sans toi. Depuis que nos vies sont liées par le mariage, nous vivons, aimons, rions et sommes tellement heureux. Merci d'être un féministe, un mari et un père si dévoué. Je t'aime un peu plus chaque semaine.

À mes fantastiques filles : Sophie, Emily et Chloe. Vous m'avez suivie dans cette aventure jusqu'à la ligne d'arrivée avec votre amour, votre optimisme et un encouragement indéfectible lors des essais et tribulations liés à ce qui pourrait ressembler à la naissance de mon quatrième enfant. Votre motivation quotidienne et votre fierté du « travail de Maman » ont adouci la douleur de ne pas passer beaucoup de temps avec vous ces quatre derniers mois. Je vous souhaite de savoir faire face à tous les défis qui surgiront sur votre chemin.

J'adresse ma gratitude perpétuelle à ma famille aimante. Mes parents, John Maynard FRCS et Josephine Maynard, qui ont saisi *chaque* opportunité pour m'encourager et m'offrir leur amour indéfectible contre vents et marées. Merci de m'avoir offert la liberté de pouvoir me tromper et d'apprendre de mes erreurs. Votre professionnalisme, votre humilité, vos valeurs et le travail dur (très dur, je le sais) que vous avez fourni pour nous offrir le meilleur de la vie m'inspirent. J'essaie de prendre le relais.

Je suis plus que reconnaissante envers Nonna et Pa, ainsi que Nick et Angela. La meilleure belle-famille à qui nous devons beaucoup pour son soutien constant, son amour et son humour. Je sais que le temps est long entre les moments où nous nous voyons et nous aimerions être plus proches de vous. Vous êtes si souvent venus à la rescousse et je vous aime plus que tout. Vous êtes la définition de l'amour et je vous remercie de m'avoir donné le meilleur père et époux.

À mes frères, Johnny et Rees – ma force vitale – et à leurs familles que j'aime de tout mon cœur. Je sais que vous déplaceriez des montagnes pour moi (ou m'expliqueriez comment faire). Vous savez quand me remonter le moral ou faire taire mon ego et je ne pourrais pas vivre sans vous. Je suis bénie d'avoir maintenant des sœurs et toute une armée de nièces et neveux qui emplissent mon cœur de joie.

À mes meilleures amies, pour la plupart éparpillées aux quatre coins du globe et qui sont depuis toujours loyales et aimantes envers moi. Merci de votre patience et de votre compréhension ces quatre derniers mois pendant lesquels mon agenda m'obligeait à m'absenter. Vous laisser tomber pendant un temps a été si difficile. Je ne citerai pas vos noms, mais vous saurez vous reconnaître. J'aime chacune d'entre vous comme une sœur.

De nombreuses femmes m'ont guidée tout au long de ma carrière et je souhaite les remercier chaleureusement. À mes chères amies : Sian Davies, Dr Dambisa Moyo, Sarah Chapman, la baronne Ann Jenkin, Chrissie Rucker OBE et Nicky Kinnaird MBE. Vous toutes m'inspirez pour continuer à avancer et à faire face aux obstacles.

Je remercie les fantastiques coachs personnels de mon équipe qui ont, chaque jour, mis leur réveil si tôt et ont fait preuve d'acharnement, de dévotion et de professionnalisme. Je suis fière de vous et vous remercie de votre dévouement. Merci aux diététiciennes diplômées : Alejandra McCall , Reshma Patel, Nicola Marsh, Cassie Bernard, Ariana Rodriguez et Lydia Worsley. Merci aussi à : Mercedes Guiterrez, Louise Jarvis, Gemma Dent, Serita Burger et Emma Holyoake. Nos cliniques sont fantastiques et je suis fière de notre travail. C'est une joie de travailler avec vous. Nous formons une belle équipe. Merci infiniment.

Merci à mon exceptionnel agent – la meilleure dans son domaine – : Heather Holden Brown, qui m'a poussée toutes ces années à écrire ce livre et l'a rendu concret. Je me suis sentie entre les mains d'une amie et d'une matrone aimante et ce livre n'aurait jamais été écrit sans toi.

Un immense merci à mes éditeurs passionnés d'Octopus, chez Hachette, qui ont encouragé ce livre depuis le tout début.

Je remercie toute l'équipe d'Octopus qui nous a aidés jour et nuit en coulisses pour lui donner naissance : Leanne Bryan, Caroline Alberti, Karen Baker, Frances Teehan, Marianne Laidlaw, Stuart Lemon et Kevin Hawkins (le barbu) – vous avez été plus que fabuleux.

À ma brillante éditrice, Eleanor Maxfield, qui a été supportrice en chef. Elle a « saisi » ma méthode au tout premier rendez-vous et a su répondre à toutes mes demandes plutôt perfectionnistes avec une oreille patiente. Yasia Williams mérite une sacrée médaille pour la direction artistique et pour avoir réussi à faire imprimer ce superbe livre à temps, en dépit de ma personnalité quelque peu exigeante. Vous êtes toutes deux incroyablement talentueuses, patientes et c'est un grand plaisir d'avoir travaillé avec vous. Merci de m'avoir supportée.

Immense gratitude pour la divine chef Natalie Thomson, son incroyable talent culinaire et sa positivité sans faille. Merci d'avoir sublimé et rendu réalisables mes recettes toutes simples. Merci à la talentueuse Louise Hagger d'avoir su capturer les plats si magnifiquement et calmement. Tes photos sont aussi belles que toi. Mes vifs remerciements à Tabitha Hawkins pour le stylisme et pour m'avoir poussée à dépasser mes limites et atteindre la perfection.

Prendre les photos des exercices physiques et de notre famille, à Londres, a été un travail très dur, dans des conditions climatiques glaciales, qu'a su merveilleusement mener Chris Terry. Il a su nous mettre à l'aise et nous faire rire toute la journée. Je remercie le photographe : Rodrigo del Rio Lozano à Mexico pour ses superbes photos – toi et Eileen êtes de vraies stars. Merci à la géniale coiffeuse et maquilleuse, Maria Comparetto, qui s'occupe généralement de mannequins et pas de petites mamans comme moi.

Les gens me demandent souvent comment je fais pour tout faire. Honnêtement : je n'y arrive pas. Winnie Dopale et Emma Holyoake synchronisent ma vie entre la maison et le travail et me permettent de jongler entre tous. Je vous aime et vous remercie d'avoir répondu au-delà de l'appel du devoir ces dernières années. Vous êtes mes rocs.

Pour finir, le plus important et essentiel, je remercie chaque client de Louise Parker qui est allé au bout de son programme avec nous. Beaucoup d'entre vous sont devenus amis avec Paul, avec les filles et moi-même. Vous nous donnez la force et l'enthousiasme de nous dépasser chaque jour pour vous montrer que tout est possible.

Toute mon affection à vous tous. La tâche fut rude, mais la joie infinie.

Édition originale publiée en 2016 au Royaume-Uni par Mitchell Beazley, une division de Octopus Publishing Group Ltd – Carmelite House, 50 Victoria Embankment, London, EC4Y 0DZ –, sous le titre *Lean for Life*.

Direction : Catherine Saunier-Talec

Responsable éditoriale : Lisa Grall

Responsable de projet : Séverine Corson-Schneider, assistée de Chloé Blanche

Traduction et mise en pages : Delphine Hurier-Michaud

Relecture : Frédéric Lorreyte

Responsable communication : Johanna Rodrigue

L'éditeur tient à remercier Marie Michaud pour son aide précieuse, ainsi que Bakary Sissako pour ses conseils avisés.

Imprimé en Chine

ISBN : 978-2-01-945762-4

88-1576-1/01

Dépôt légal : février 2021